2023年

西南要会

第三辑

XINAN YAOHUI (2023 NIAN)

泸州市博物馆 / 编

编委会

主　编 陈　科

副主编
陈　文　钟廷桂

编　委
邹西丹　晏满玲
邓雪燕　周　苗

四川大学出版社

图书在版编目（CIP）数据

西南要会 . 2023 年 / 泸州市博物馆编 . — 成都：四川大学出版社，2023.12
ISBN 978-7-5690-6513-8

Ⅰ．①西… Ⅱ．①泸… Ⅲ．①文物工作－西南地区－文集②博物馆－工作－西南地区－文集 Ⅳ．① K872.7-53 ② G269.277-53

中国国家版本馆 CIP 数据核字（2023）第 234400 号

书　　名：	西南要会（2023 年）
	Xinan Yaohui （2023 Nian）
编　　者：	泸州市博物馆

选题策划：曾　鑫
责任编辑：曾　鑫
责任校对：袁霁野
装帧设计：墨创文化
责任印制：王　炜

出版发行：四川大学出版社有限责任公司
　　　　　地址：成都市一环路南一段 24 号（610065）
　　　　　电话：（028）85408311（发行部）、85400276（总编室）
　　　　　电子邮箱：scupress@vip.163.com
　　　　　网址：https://press.scu.edu.cn
印前制作：四川胜翔数码印务设计有限公司
印刷装订：成都市火炬印务有限公司

成品尺寸：210 mm×285 mm
印　　张：8
字　　数：184 千字

版　　次：2023 年 12 月 第 1 版
印　　次：2023 年 12 月 第 1 次印刷
定　　价：58.00 元

本社图书如有印装质量问题，请联系发行部调换

版权所有 ◆ 侵权必究

扫码获取数字资源

四川大学出版社
微信公众号

目录 Contents

文|物|乾|坤

■ 泸州汉代石棺画像中的养生（导引）图——"鸟伸"
　　王锦生（巴蜀汉陶博物馆）/1

■ 从《郑季宣残碑》看鲁迅先生对古碑的辑校
　　康玉群（山东师范大学）/9

■ 国民政府时期犍为焦油厂探析（1940—1946年）
　　吕振波（遂宁市博物馆）/15

■ 朱熹《跋李忠州家诸帖》考实
　　刘涛（肇庆学院　肇庆经济社会与历史文化研究院）/22

■ 关于《种芹人曹霑画册》真伪问题之再探讨
　　庞世伟（齐鲁理工学院艺术学院）/30

■ 徐州博物馆藏汉画像石多重价值研究
　　武云鹏　彭茹（徐州博物馆　徐州市文物考古研究所　徐州汉画像石艺术馆）/35

■ 自贡盐商杨乐三及其社会交往浅析
　　李敏（自贡市盐业历史博物馆）/41

■ 汉代衣物结构研究
　　廖丞淇（西南民族大学）/54

史迹掠影

■ 泸州市合江县榕山城遗址调查报告
贾雨田 徐银翎（合江县博物馆）/59

■ 抗战时期国立女子中学的发展历史考察
张廷良 倪禧凤（重庆市江津区文物管理所 重庆市江津区陈独秀旧居陈列馆）/72

■ 西藏洛隆县硕督镇清代民国历史述略
罗 勇（中共西藏自治区委员会党校）/80

■ 明代贵州李诚和李诠墓志铭考释
管庆鹏（青海师范大学）/89

■ 宋代汉人移民泸州及其社会影响
王 森（华南师范大学）/96

非遗空间

■ 非遗音乐文化传播中沉浸人的生存特征
邓 莎（西北民族大学）/107

■ 台江县长滩村"吼唄节"调查报告
杨桂花（贵州民族大学）/111

■ 浅论宜兴紫砂陶的制作工艺及相关问题
李瑞嘉（南开大学）/117

泸州汉代石棺画像中的养生（导引）图——"鸟伸"

王锦生

（巴蜀汉陶博物馆）

提要：泸州十四号汉代石棺画像上有一组动作夸张的图像，笔者经过对比考证认为其表现的是汉代流行的养生（导引）之"鸟伸"术。泸州、广汉发现同题材且绘画风格一致图像的认定可以为考古"流域文化"观点提供有力证明，为中土文化向少数民族地区的传播提供证据。对此幅图像内容具体年代的确认还可为其他一些尚未明确时代的汉代画像提供年代参考。此题材画像的考证对于其他学科特别是体育、医药等文化发展史的研究有着很大帮助。

关键词：泸州；画像石棺；鞲鹰；养生术；导引；鸟伸；年代确认

一

2002年10月，在四川泸州江阳西路出土一具东汉画像石棺，高文先生主编的《中国画像石棺全集》将此石棺收录并编号为"泸州十四号石棺"[1]，这幅石棺画像上段的一组似舞蹈的图像（图1）引起笔者注意。

这具石棺的大面构图似房舍，以三根竖柱分隔刻绘有相对大幅画像二幅。左边图像为鸟啄鱼；右边图像为一桑树，树旁的采桑女正回头与一男子交谈。根据采桑女右手边的提篮等可知此幅图像表现的是汉代列女故事之"鲁秋

图1　泸州十四号石棺（泸州市博物馆藏）画像

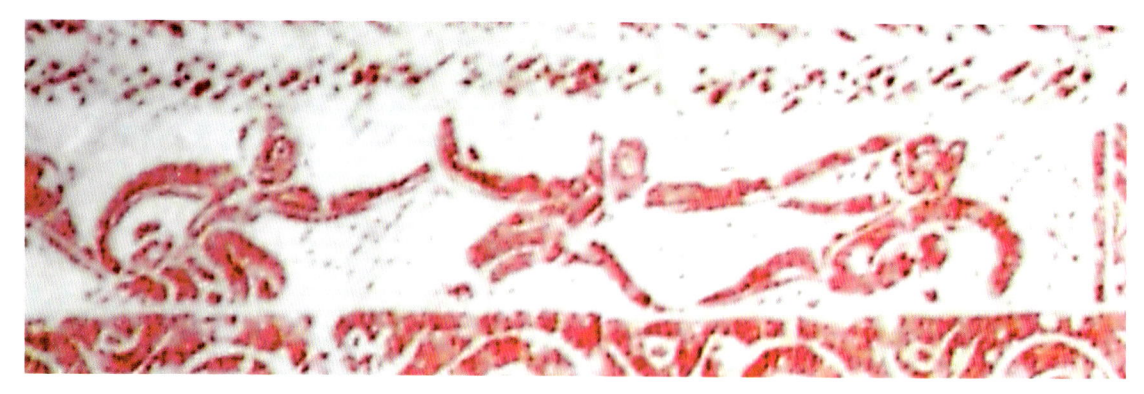

图2　泸州十四号石棺上段左侧画像

胡戏妻"。

石棺图像上段似房舍的檐口，檐口部分用方框分隔刻绘有三组小些的图像。三组图像的中段为十个人物形象，图像的右段为汉代"变形柿蒂纹"，上段左侧即为本文所讨论的图像（图2）。

这幅画像构图精美。图上三人均是在运动的形象，看起来人物动作夸张，均跨步伸臂，动作幅度较大。图左之人双臂伸开，图中、右二人跨步，亦是双臂伸开，有很强的仪式感。

一般人多不理解这组图像表现的是什么。《中国画像石棺全集》书上将这幅图像阐释为"汉代百戏""三猿搏斗表演"[2]。但仔细观察此图，则会感觉其与"百戏""三猿搏斗"相去甚远，反而让人不禁联想起了四川广汉出土的原被命名为"鞲鹰"的汉代条形砖画像（图3）。

四川广汉出土的这种汉代画像砖画像在砖的两个短端头，两端分别模压有画像（图3）和文字"永元八年"（图4）。

泸州属川南地区，与广汉相隔二百多公里，泸州过去出土的汉代画像风格与成都周边的多有不同。而泸州十四号石棺画像布局、绘画风格及人物动作形象却与（接近成都市的）德阳广汉画像砖接近。尤其是此棺局部画像人物动作与广汉原命名为"鞲鹰"的画像非常相似。

广汉出土的画像也是绘有三人，两臂张开，跨步伸臂，动作较大。图3左之人平伸一臂，其臂上架有一只大鸟；图3中、右二人披有羽

图3　四川广汉出土原被命名为"鞲鹰"的汉代画像砖

图4　广汉"鞲鹰"条形画像砖的另外一端模压的联璧纹与"永元八年"文字

衣，中间者赤身，头饰羽冠，似在模仿鸟类动作。过去专家在考定此图像时认为其表现内容为驯化猎鹰场面，称其为"鞲鹰"。

广汉这种条形画像砖最早于1952年由西南博物院在四川广汉"将军坟"清理出土，其后于广汉境内又陆续有同模砖发现，除此砖外，后来在广汉又发现有非常接近的砖画像（图5）。

图5绘有二人一鸟，所绘人物动作与图3基本相同，刻画风格完全一样，只是将左右二人位置对换，不再有中间的羽衣者，而将原在人臂的大鸟单独置于图中部。

从砖的出土地、画面以及形制质感看，都可认为这两种"鞲鹰"画像是同一砖窑于同一时段制成。图4的"永元八年"说明了制作的具体时间（公元96年），它们应该是同一画工对当时一种社会新潮或流行活动的描绘。

对于这种画像砖，汉画研究者长期以来一直未有其他解释，笔者在编著《中国巴蜀汉代画像砖大全》一书时收录了该图像并沿用了"鞲鹰"名称。

泸州十四号石棺画像人物动作虽与"鞲鹰"相似，但所绘人物服饰无羽冠羽衣，也没有鸟的形象。因此，笔者开始对这种图像原来的内容定位（"鞲鹰"）产生怀疑。笔者认为：泸州十四号石棺画像与广汉画像砖所绘人物动作相同，所表现的内容也应该一样。对比画像可看出：泸州画像仅有人物动作，可视作舞蹈或"导引"活动；而广汉画像在动作之外有大鸟以及

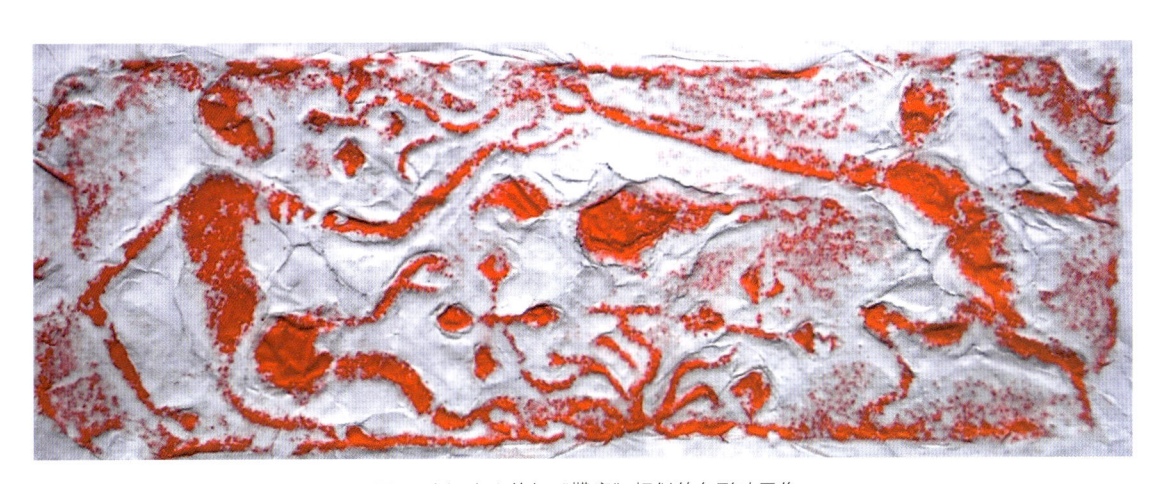

图5　广汉出土的与"鞲鹰"相似的条形砖画像

人物的羽冠羽衣，则可视作进行此项活动的道具或是为点明动作仿生主题而专门突出的内容。

也就是说，若两地图像表现的是同一内容，因泸州画像并无大鸟以及人物的羽冠羽衣（其实广汉图5那幅画像上人物也没有羽冠羽衣），可以基本推断，这种动作内容并非当初所认定的"鞲鹰"（若是"调鹰术"则鹰之形象必不可缺）；而广汉画像上大鸟以及人物的羽冠羽衣只可认定此图表现动作必与鸟有关联。

二

在查阅大量文献后，笔者以为这样的画像应该是古代养生术之仿生锻炼方法，属于"导引"的"鸟伸之戏"。

关于"导引"，古文献记载颇多。《素问·异法方宜篇》就有"导引按蹻"之说，王冰注："导引，谓摇筋骨，动支节"。葛洪在《抱朴子·内篇·别旨》中对"导引"记曰："或伸屈，或俯仰，或行卧，或倚立，或踟蹰，或徐步，或吟，或息，皆导引也。"

古之"导引"多模仿动物之形象动作。《抱朴子》中记载的导引方法就有"龙导""虎引""熊经""龟咽""燕飞""蛇屈""鸟伸""天俯""地仰""猿据""兔惊"。汉代画像中最为有名的导引图有马王堆出土之西汉图像，图中绘有按各种动物姿态进行锻炼的运动方式并附有部分榜题文字，其文字包括有：虎式、鹿式、熊式（经）、猿式（"沐猴""猿謼"）。图上尤以鸟式为最多，有"鸟信（伸）""鹳""鹞背""鹤口"数种（图6）。

在早期仿生导引术中，最为著名的当推一直流传至今的华佗《五禽戏》。《五禽戏》包括了虎戏、鹿戏、熊戏、猿戏、鸟戏，与马王堆画像文字的内容非常接近，模仿的动物都是一样的。

南北朝时陶弘景所编撰《养性延命录》对五禽戏的修习方法记载甚详。其所载"鸟伸之戏"具体练法为："鸟戏者，双立手，翘一足，伸两臂，扬眉用力，各二七，坐伸脚，手挽足趾各七，缩伸二臂各七也。"若将以上文字与泸州广汉之图像对照，即可发现动作与《养性延命录》所记载"鸟伸"的练法完全一样，尤其是"翘一足，伸两臂""坐""伸脚""手挽足趾""缩伸二臂"等动作，仿佛就是在对这种图像做具体解释。《养性延命录》成书时代（南北朝）距东汉不远，而书中所载方法应该是记录前人成型的锻炼方法，以此记载对照图像，应该是能说明问题的。

在马王堆复原图（图6）上可以清晰地看到，其第二排最右"双立手，翘一足""坐""伸脚"之人与图5左下跨步伸臂者，其动作形象与四川泸州及广汉出土的这几幅图几乎完全一样。

马王堆导引图左下之人旁边的文字恰是"鹳"。"鹳"为猛禽，个体较大，广汉砖上之鸟体大类鹰，也正因此，过去学者才会将此图称为"鞲鹰"。对照马王堆画像，笔者认为泸州广汉的三幅画像所表现的应是"鸟伸之戏"，其图像就是马王堆图上此二人动作之组合，它应该是东汉时期已"套路化"的"鸟戏"。

三

健康是人类永远的追求，而"导引术"则是华夏先民在健身方面的伟大发明。先民最早的"导引"动机非常朴素——健康去病。"昔阴康氏之始……民气郁阏而滞著，筋骨瑟缩不达，故作舞以宣导之"[3]。"吹呴呼吸，吐故纳新，熊经鸟伸，为寿而已矣。此道引之士，养形之

图6 马王堆出土导引图（复原图），图源网络

人，彭祖寿考者之所好也"[4]。说明"导引"这种方法其实是利用肢体动作配合呼吸以疏通筋骨，是呼吸运动和躯体运动相结合的一种医疗体育方法，以达到延长寿命目的。

关于"导引"的治病功能古人更是描述甚细："中央者，其地平以湿，故其病多痿、厥、寒、热，其治宜导引、按乔。故导引、按乔者亦从中央出也"[5]。"或有导引行气、乔摩、灸熨、刺、饮药之一者"[6]，可见"导引"亦是古医家治病的一种主要方法。

马王堆出土西汉"导引图"文字中，也将"导引"与治病联系起来，标有各种疾病名称："烦""病明""引聋""覆（腹）中""引膝痛""引祛责（积）""满厥（懑厥）""引项""引温病""坐引八维""引痹痛""引颓（疝）"等。

四

本文对四川泸州及广汉出土这种汉代"导引"画像的确认有较为重大而广泛的意义。通过对这种画像的研究，我们可以寻找到许多课题的线索。

（一）关于流域文化

泸州与广汉相距二百多公里，发现从题材到绘画风格都非常相似的汉代画像，这看似突兀，却又为"流域文化"这一论点增添了论据。

从四川地区过去的发现看，古代文化往往与河流有关系，各水系流域间文化有明显区别，不少学者通过考证已经发现这个特点[7]。广汉属沱江流域，而泸州则是沱江与岷江汇合处。这具石棺画像与泸州当地其他石棺风格不同，应该是"流域文化"交汇的反映。

图7　泸州出土汉代石棺画像《祠堂》，明显可以看出其少数民族（僰人）风格

（二）民族交融与汉文化对少数民族地区的传播

泸州在汉代属"犍为郡"，是少数民族之"僰人"聚居区。对于"僰人"这个民族不少典籍都认定，他们向中央王朝的归附非常早，而且这个民族对汉文化非常敬慕向往，秦汉时期就已经有汉民族在僰地与之杂居。僰人以农耕种植为业，仰慕中朝礼仪、文教。这个民族非常善良，历史文献对他们多是赞美的记载，有"夷中最仁，有仁道，故字从人"赞语。虽然后来"汉民多，渐斥徙之"[8]，但从该地区出土的大量汉代（东汉）画像来看，大多画像上的人物都还是具有僰人"椎髻"这个显著特点。虽然已有汉族地区所流行的"画像石棺"葬制，但当地大量汉代画像的绘画却以当地民族风格为主（图7），说明这些墓主应该多是少数民族贵族，而这恰是僰人仰慕中朝礼仪、文教的反映。似泸州十四号石棺这样"纯汉化"的绘画题材（特别是不常见题材）及风格且与"广汉郡"（新都、广汉）画像相同的数量比例并不大。从此中似乎可看出"汉民多，渐斥徙之"的过程，更说明僰人全面徙走的时间应晚于东汉。

从前面几幅画像可以认为："鸟伸之戏"应是汉代庶民阶层喜闻乐见的健身运动。在泸州和广汉分别发现这种图像，更说明这种运动方式在四川地区的流布情况。特别是从泸州石棺上发现这种画像，证明这种仿生的运动行气健身方法也同时在川南僰人地区流行，这种方法甚至有可能已进入少数民族上层贵族中。

（三）关于四川汉代画像对主题的表现方式

与"苏鲁徐淮"或其他地域的表现风格不同，四川大多汉代画像并无标注文字的习惯。在没有文字说明的情况下，要表明主题或证明所表现内容多是以其他方法——即在画像中加入一些可以间接"证明身份"、表明所绘内容的元素。广汉画像上的大鸟等形象似乎只是仿生运动的"模仿对象"，而将它们画在图像上是为了说明其动作是什么的"外加元素"。关于四川汉画主题表现的方式以及"外加元素"笔者将另文阐述。

（四）从"养生术"到"修炼术"——"导引术"与道教的关系

以黄老思想为主旨的道教是我国本土宗教，而"组织化""正规化"的"道教"是东汉顺帝时期于四川形成的。

应该看到，正是于东汉时期，人们将对黄老的崇尚转向"偏重的是它的养生、修仙方面的内容""把黄老学的养生术演变为具有道教意味的修炼术"[9]。广汉画像砖的产生时间"永元八年"是值得玩味的，这个时段正是"组织化"道教产生之前夜。因此，东汉时期的这种画像，它的内涵应该是已经超出了最早那种朴素的健身祛病范围，结合四川地区汉代画像中占很大比例的"西王母""仙人"等内容的当时社会环境，可以认为这时的导引术已更密切地与"长生""修炼成仙"目的结合起来。这样的图像说明，"导引术"在道教形成及发展中曾有着非常大的作用，并在后来的道教传播过程中被继承衍化成为道众功课之重要部分。

（五）推断泸州十四号石棺具体时段及汉代其他同题材画像所属时段

迄今为止在全国范围内的无数汉代画像中，似泸州广汉所出的这种"导引"画像还未在其他地方被发现过，因此这种图像显得稀少而珍贵。从已经发现的这几幅画像看，可以感觉到泸州与广汉的这些图像是一脉相承甚至有可能是同一工匠所作。但泸州十四号石棺上的这幅画像从构图以及技法上看则显得更为老到成熟，如果真是同一工匠所作，则可能是这位工匠的后期作品。我们可以猜测是同一工匠沿沱江而下到达泸州所留下的作品。再结合广汉画像留下的文字"永元八年"，可以推测出汉代民间广为流行的这种养生导引术的具体流行时间就是在公元94年及其前后，泸州的这幅画像可能年代稍晚但间隔不会太远，或许是东汉安帝时期（107—125年）刻绘的。

汉代画像各个题材都有着自己的流行时段。对照有明确年号的画像可以初步把某一类相同题材画像归入某个具体时间段，比如可以粗分为"东汉早期""东汉前期""中期""后期"几个时间段，这样也可将大多不能确定具体时间的墓葬判定出大致时间。

因泸州十四号石棺画像与广汉石砖画像极为相似，而广汉那个条形画像砖有具体年号（永元八年），那泸州十四号石棺的具体时间也许可以定位在"东汉前期"了。推而广之，在确定了泸州十四号石棺属于东汉的具体时间段后，还可以用这具石棺上的其他画像来推测同题材汉代画像的所属时段，比如可以用泸州十四号石棺上的"列女故事、鲁秋胡戏妻"去推测四川新津那具《鲁秋胡戏妻》，甚至因题材相同还可以把新津所出的列女故事《梁高行》等画像石棺的年代也判定是"东汉前期"了，这样就比博物馆在展示时只笼统地标注"东汉（25—220年）"要更为细致严谨。

注释：

[1] 高文:《中国画像石棺全集》，三晋出版社，2011年，第314—315页
[2] 高文:《中国画像石棺全集》，三晋出版社，2011年，第314—315页。
[3] 冀昀主编:《吕氏春秋》，线装书局，2007年，第100页。

[4] 陈鼓应解读《刻意》,载袁行霈主编《中华传统文化百部经典 庄子》,国家图书馆出版社,2017年,第219页。
[5] 何文彬、谭一松主编:《素问》,中国医药科技出版社,1998年,第70页。
[6] 张秀琴校注:《灵枢经》,中国医药科技出版社,2019年,第91页。
[7] 何志国:《论汉魏摇钱树的格套化与商品化》,朱青生主编《中国汉画学会第九届年会论文集 上》,中国社会出版社,2004年,第224—240页。
[8] 常璩:《华阳国志校补图注》,上海古籍出版社,2009年,第175页。
[9] 卿希泰、唐大潮:《道教史》,江苏人民出版社,2006年,第16页。

从《郑季宣残碑》看鲁迅先生对古碑的辑校

康玉群

（山东师范大学）

内容提要：鲁迅先生一生中为数不多的静谧岁月里，"钞古碑"是其唯一的愿望和志趣。历代学者多将这段岁月作为创作《狂人日记》的"文学家"鲁迅的成长经历与精神形成的契机来看。笔者从鲁迅先生所辑录并校正的碑拓内容入手，消除其"钞古碑"形象是"文学家"形象附庸的刻板印象，探索鲁迅作为"金石家"的另一种面貌。

关键词：鲁迅；钞古碑；《郑季宣残碑》

鲁迅先生曾在《呐喊·自序》中回忆自己"钞古碑"的岁月："S会馆里有三间屋……许多年，我便寓在这屋里钞古碑。客中少有人来，古碑中也遇不到什么问题和主义，而我的生命却居然暗暗地消去了，这也就是我唯一的愿望"[1]。这段沉潜岁月里，钞古碑是其唯一的志趣，没有嘈杂的外界干扰，只有内心的静谧。这段平和的"钞古碑"时光被林语堂称作(鲁迅)"蛰伏的时期"，日本学者竹内好则认为鲁迅在经年的沉默中抓住了"对他的一生来说都具有决定意义，可以叫做回心的那种东西"[2]，在其中"罪的自觉"[3]孕育而成。当代学者亦在考证中得出关于鲁迅先生"钞古碑"的多种结论：或如周作人所说鲁迅由于洪宪帝制时政治压力所迫，设法逃避袁世凯的耳目，"只好假装玩玩古董，又买不起金石品，便限于纸片，收集些石刻拓本来看"[4]；或是认为鲁迅是为了对顾炎武、章太炎的"访碑"民族主义思想的继承，热衷于对凝聚"国魂"的遗物的保存[5]；或者是认为钞古碑是鲁迅贴近魏晋遗风、苦闷精神的写照[6]；甚至于认为"钞古碑"乃是鲁迅职责所在，是他身为社会教育司第一科佥事的分内之事[7]。种种论述皆有道理，但仍是从外部切入以解读鲁迅先生的"钞古碑"，把这段时期作为写作《狂人日记》的"文学家"鲁迅的成长经历与精神形成契机来看，少有从内容进入而将这段"钞古碑"经历独立剖析的。笔者尝试从鲁迅先生所辑录并校正的碑拓入手，消除"钞古碑"形象是"文学家"形象的附庸的刻板印象，探索鲁迅作为"金石家"的另一种面貌。

鲁迅先生在S会馆的"钞古碑"其实不仅仅止步于简单的抄录，在抄写之外，他还凭借自身"校勘的兴趣"[8]做了大量严密与细致的考订工作，比如对其中的残字进行补正或改正前代金石学者的讹误，甚至立志"要来精密地写成一个可信的定本"[9]。本文拟对《郑季宣残碑》手稿及《〈郑季宣残碑〉考》进行剖析，从中描摹作为"金石家"的鲁迅形象。

鲁迅先生力求还原碑文的本真面目，在辑录石刻手稿中便可见其手迹的"金石气"。"金石气"的来源首先在于对字体的仿写。比如汉碑常以圆笔篆书写碑额[10]，以隶书写碑文，鲁迅先生便仿照碑拓以圆笔篆书写碑额，以隶书写碑文，《郑季宣残碑》中篆、隶并存，便可印证此点。"金石气"还在于鲁迅先生一字不误地录入古字，对待异体字也不含糊地以今字代替。譬如《郑季宣残碑》的第三行中："□□吴札之高□□□□□□□□□□挹□目□□□□□东□□守钦□□以"[11]。鲁迅先生录为"目"字，该字恰是"以"字的古字。与鲁迅先生做法不同的是，《钦定四库全书》所收《隶续》将"目"录为"以"字[12]，似毫无差别，其实不然——作于汉灵帝中平三年即公元186年[13]的《郑季宣碑》与东汉许慎《说文解字》的创作时间相去不远，所使用文字亦不会有太大变动。《说文解字》中"目"字归入巳部，解为："用也。从反巳。"贾侍中说："巳，意巳实也。象形。"[14]而"以"字未见收录。鲁迅先生秉持求真务实的态度抄录碑文，于此可见一斑。其实，鲁迅先生曾师从章太炎，对文字的严谨态度直至20年之后仍有迹可循。1935年初，手头字运动方兴未艾，鲁迅先生对此并不热心，但对于"别字""正字"一类，他却是热心地抒发己见。对于陈友琴"只问字的活不活；不活，就算错"[15]的观点，鲁迅先生曾批驳道："假如我们先不问有没有法子强人改正，自己先来改正一部古书试试罢，第一个问题是拿什么做'正字'，《说文》，金文，骨甲文，还是简直用陈先生的所谓'活字'呢？"[16]从对待"以"与"目"字的严谨态度来说，鲁迅先生的批驳来源于自身实践得来的经验，绝不是随意而发的空话。处理方块汉字是如此繁难棘手的问题，只有深刻钻研过且有深厚的文字学底蕴的人才能了解。鲁迅先生认为"汉字也是中国劳苦大众身上的一个结核"[17]，从而提倡拉丁化新文字，这是他深刻理解方块文字的复杂演变后的结论。

郭沫若认为："鲁迅先生亦无心作书家，所遗手迹，自成风格。融冶篆隶于一炉，听任心腕之交应，朴质而不拘挛，洒脱而有法度。远逾宋唐，直攀魏晋。世人宝之，非因人而贵也"[18]。其实鲁迅先生手迹的自成一格，除经年抄写碑拓而形成的"金石气"之外，与他深厚的古文字功底也有很大关系。鲁迅先生在手稿中可谓完整复刻了碑文，但在考订文字中则不然，带有文字功底与个人书写习惯的古文字常常出现其中。《鲁迅全集》第8卷据鲁迅先生手稿录入《〈郑季宣残碑〉考》，其中出现了《郑季宣残碑》手稿中并未出现的"迹"字。如果与抄录手稿对照，可以发现鲁迅先生录入的是隶体"迹"字。至于在《〈郑季宣残碑〉考》中为何以"迹"字替代，笔者认为与鲁迅先生的文字学功底与书写习惯有关，即这是先生融合篆、隶于一体的书法涵养的体现。"迹"字是古"迹"字的异体俗写，《康熙字典》的辵部录有此字，释为："字汇补、古文迹字注、详六画"[19]。鲁迅先生年少时曾抄写《康熙字典》，对其不可谓不熟悉，周作人回忆鲁迅先生的抄书经历："最初在楼上所做的工作是抄古文奇字，从那小本的《康熙字典》的一部查起，把上边所列的所谓古文，一个个的都抄下来，订成一册"[20]。由此可见，鲁迅先生能写出"迹"字的异体俗写深受"抄古文奇字"的经历影响。类似的影响也可见于鲁迅先生对各种胡须名目的熟悉，能将"髭""鬚""髯""鬍"[21]之类用作调侃的材料。回字通常有三种写法，而极少见的收录入《康熙字典·备考》的第四种写法[22]亦能为鲁迅先生所知，其古文字功底可见一斑。而"迹"（迹）字之所以如是写，与其篆体亦不无关联，《说文解字》的辵部中"迹"的小篆录为"䢌"[23]，其中的"亦"便是人字形左右各加一点，鲁迅先生在手稿中采用"迹"字的异体俗写，正是"篆隶笔意的映现，在书体上体现出某种程度的交叉融合"[24]。在今人看来已是十分生僻的"迹"，在先生处也许只是受汉代碑拓影响而融篆、隶于一体的习惯所致，亦可从中得见先生深厚的古文字底蕴。也就难怪鲁迅先生会向友人说："不要因为我写的字不怎么好看就说字不好，因为我看过许多碑帖，写出来的字没有什么毛病"[25]，既是对字形结构"不怎么好看"的自谦之语，亦是对自身深厚的文字学功底的自信之辞。

鲁迅先生辑校碑拓时往往博采众长又能青出于蓝而胜于蓝，颇费一番苦功，一如周作人在回忆中说："从民四起一直弄碑刻，从拓本上抄写本文与《金石萃编》等相校，看出许多错误来，这样校录至于半夜"[26]。在辑校《郑季宣碑》时鲁迅先生也采用了耗时而精细的办法，这在《〈郑季宣残碑〉考》开头即有所体现，只是与之相对校的不是《金石萃编》而是宋代洪适的《隶续》。将拓本与《隶续》相对照，鲁迅先生指出洪适的不少讹误，并且在此基础上多有更订。例如，清同治晦木斋刻本的《隶续》中《郑季宣碑》碑文第十三行录为"号阙四字、之路无軩阙九字、舆……"[27]"号"字极为生僻，是"平"字或"采"字的异体字。据上文"春秋五十有七中平二年四月辛亥"[28]可知，碑文写至此处，所阐述的是郑季宣之寿龄与卒年。显然，洪适所辑"号"字解释为"平"或"采"置于此处均不通，应是有所讹误。鲁迅先生结合拓本，将之校录为"卒亏□□□□昰路无軩□□□□约殁□□□舆……"[29]。

"亏"是"于"的古字，联系上文阐明郑季宣的寿龄与卒年后应当阐述地点，"卒于"正符合此处论述的逻辑顺序，从内容上是合理的，故鲁迅先生在手稿中录为"卒亏"合乎碑文逻辑。另外，拓本中"号"字之后实际上缺少五字，洪适却注为"阙四字"，鲁迅先生作具有校后记性质的《〈郑季宣残碑〉考》，并在其中指出洪适的讹误："所注阙字之数转刻有误……'卒亏'至'是路'间，洪云阙四字，碑实阙五字"[30]。在注明阙字的讹误之后，鲁迅先生又指出《隶续》在辑录文字方面的讹误："第十三行'亏'洪作'号'，并误"[31]。洪适之所以将"亏"误作"号"，不排除刻本的讹误，但更可能在于汉碑多断缺漫漶，辨别碑文绝非易事，洪适未从拓片上辨识出"卒"字，从而影响了对其后"亏"的判断。"卒"字之来源，应当是鲁迅先生从旧拓上辨识得来，后在《〈郑季宣残碑〉考》中亦有所阐明："其旧拓可见而《隶续》所阙者"[32]，其中便有第十三行的"卒"字。《鲁迅全集》第8卷据手稿录入为"亍"字，不知是否是将先生的手稿错认而成的讹误；倘若并非讹误，也可在注释中点明此字在鲁迅先生《郑季宣残碑》手稿中为"卒"字，供读者参考或钻研。"之路无軩阙九字"鲁迅先生录为"昰路无軩□□□□约殁□□□"，可见"昰路无軩"是拓本上残缺而根据《隶续》补出的，而"约殁"两字是从旧拓中辨识所得。至于晦木斋刻本的《隶续》中为"之路無軩"而鲁迅先生缘何补为"昰路无軩"，笔者猜测是《隶续》的版本不同所致，鲁迅先生辑校时所采用的版本在书帐中并无相关记载，此处"之""是"之别尚待更多文献支持才能考证。《隶续》中类似其上的讹误，鲁迅先生在辑校中发现多处。不统计碑阴中的讹误，仅《隶续》所录《郑季宣碑》碑文中的讹误就多达十九处。其中，所注阙字之数的讹误共有三处，辑录文字方面的讹误共有三处，总计四字；旧拓有而《隶续》中缺失的共有十三处，鲁迅先生补录十六字又二半字。

上文所列举虽然只是冰山一角，但足以窥得鲁迅先生辑录之辛苦与校考之细致。除此之外，“我们无法想象一个毫无文字学知识的人会长期抄录古碑”[33]，少时便对抄古文奇字抱有浓厚的兴趣，后在日本师从章太炎先生学习《说文解字》，厚积而薄发，从鲁迅先生校正《郑季宣碑》之中便可见得其传统教育中文字学底蕴之深厚。

鲁迅先生抄录考订碑文可谓严谨细致，但百密难免一疏。鲁迅先生在辑录时有两处讹误，修订《鲁迅全集》注释的学者或可参看而将其注明。其一，《郑季宣碑》碑阴横刻“尉氏故吏处士人名”八字篆书，鲁迅先生抄校时不知是何缘故漏掉了“吏”字，录为“尉氏故处士人名”，并在其后写“额”字以示其为碑额（图1）。其二，鲁迅先生在抄录时“郑季宣残碑”下有注，其中明确“碑文十八行”，其中第十三行为“卒亐□□□□□ 是 路 无 軓 □□□□……”[34]，鲁迅先生考订文字中却云：“今可知者第十二行‘卒亐’至‘是路’间”[35]，下文中又指出“第十三行‘亐’洪作‘乎’，并误”[36]。所以鲁迅先生在写《〈郑季宣碑〉考》时误数了行数，将第十三行误为第十二行了。

瑕不掩瑜，从对多断缺漫漶的汉碑的辑录与校正中，我们看到一个严谨、肯下苦功夫的“金石家”鲁迅，以他的热忱、心力与文字学功底从事着“钞古碑”的活动，消磨过人生中为

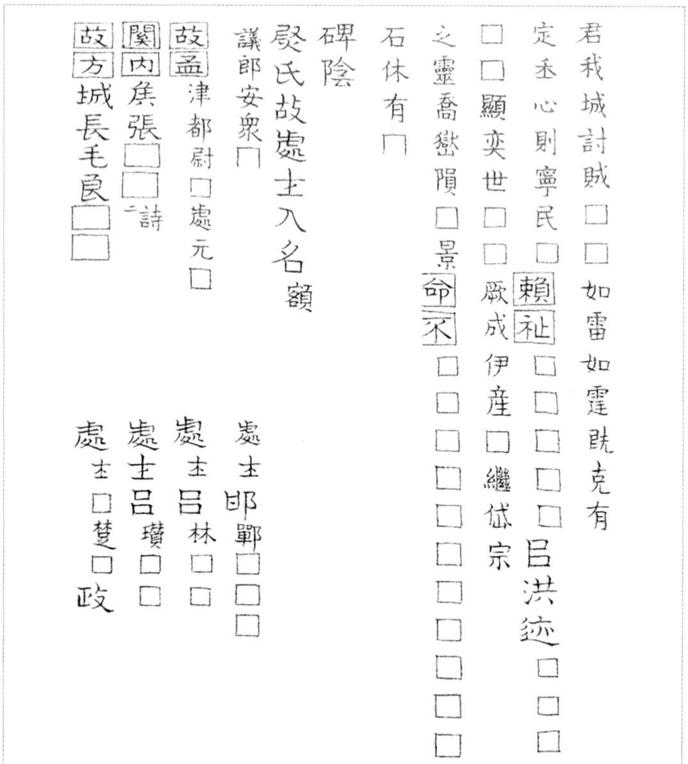
君我城討賊□□如雷如霆䟦克有
定柔心則寧民□賴祉□□□□□
呂洪迹□□□□
□□顯奕世□□厥成伊産□繼𢡟宗
之靈喬嶽隕□景命不□□□□□□□□□□□□
石休有冂
碑陰
尉氏故處士人名 額
議郎安衆冂
故孟津都尉□處元□
關內侯張□□詩
故方城長毛良□□
處士邯鄲□□□
處士呂林□□
處士呂瓚□□
處士□楚□政

图1 鲁迅先生辑校手稿（部分）[37]

数不多的静谧而平和的时光。尽管鲁迅先生对于金石的兴趣与对于金石研究的坚持贯穿一生，但白话小说与杂文创作的成就太过夺目，在一定程度上遮蔽了后人对于其金石学者身份的了解。但我们不该忘记：在其沉潜的"钞古碑"时期，那种名为"回心"的自我体认正悄然发生，在鲁迅先生的生平中是为"肯綮"。鲁迅先生的金石学者身份也理所当然不是作家身份的附庸，而是更为关键甚至纲领性的——在成为文学家之前，他首先是一位金石学者。

注释：

[1] 鲁迅：《呐喊·自序》，载《鲁迅全集》第1卷，人民文学出版社2005年，第440页。
[2] 竹内好：《鲁迅·思想的形成》，载《近代的超克》，生活·读书·新知三联书店，2016年，第119页。
[3] 竹内好：《鲁迅·思想的形成》，载《近代的超克》，生活·读书·新知三联书店，2016年，第120页。
[4] 周作人：《抄碑的目的》，载《周作人散文全集12》，广西师范大学出版社，2009年，第153页。
[5] 王芳：《从访碑到抄碑，从国魂到民魂——以金石传统三个脉络解读鲁迅的"钞古碑"》，《文学评论》2019年第3期。
[6] 肖振宇：《苦闷的精神标记——鲁迅辑校古籍、抄古碑原因新探》，《吉林师范大学学报（人文社会科学版）》2005年第3期。
[7] 陈洁：《论鲁迅钞古碑与教育部职务之关系》，《鲁迅研究月刊》2014年第6期。
[8] 周作人：《抄碑的方法》，载《周作人散文全集12》，广西师范大学出版社，2009年，第155页。
[9] 周作人：《抄碑的方法》，载《周作人散文全集12》，广西师范大学出版社，2009年，第155页。
[10] 欧阳摩一：《论画像石文字的篆书艺术》，《文博》2004年第6期。
[11] 鲁迅：摹写《郑季宣残碑》，载李新宇、周海婴主编《鲁迅大全集 第22卷 鲁迅辑校石刻手稿·碑铭（上）》，长江文艺出版社，2011年，第289页。
[12] 洪适：《隶续》卷十九，载《钦定四库全书·史部》。
[13] 张晓旭：《秦汉碑刻研究（下篇）》，《南方文物》2000年第2期。
[14] 许慎：《说文解字》，中华书局，1978年，第311页。
[15] 鲁迅：《从"别字"说开去》，载《鲁迅全集》第6卷，人民文学出版社，2005年，第291页。
[16] 鲁迅：《从"别字"说开去》，载《鲁迅全集》第6卷，人民文学出版社，2005年，第291页。
[17] 鲁迅：《关于新文字》，载《鲁迅全集》第6卷，人民文学出版社，2005年，第165页。
[18] 转引自肖振鸣：《鲁迅与民国书法》，《鲁迅研究月刊》2007年第7期。
[19] 张玉书等编：《御定康熙字典》，卷30。
[20] 周作人：《抄书》，载《周作人散文全集11》，广西师范大学出版社，2009年，第683页。
[21] 鲁迅：《说胡须》，载《鲁迅全集》第1卷，人民文学出版社，2005年，第188页。
[22] 鲁迅：《孔乙己》，载《鲁迅全集》第1卷，人民文学出版社，2005年，第462页。
[23] 许慎：《说文解字》，中华书局，1978年，第39页。
[24] 李继凯：《论鲁迅与中国书法文化》，《华中师范大学学报（人文社会科学版）》2010年第3期。
[25] 转引自薛帅杰：《试论民国文人书法的退变——以鲁迅、梁实秋为例》，《鲁迅研究月刊》2013年第5期。
[26] 周作人：《鲁迅在S会馆》，载《周作人散文全集10》，广西师范大学出版社，2009年，第683页。

[27] 清同治晦木斋刻本《隶续》，卷十九，六。
[28] 鲁迅：摹写《郑季宣残碑》，载李新宇、周海婴主编《鲁迅大全集　第22卷　鲁迅辑校石刻手稿·碑铭（上）》，长江文艺出版社，2011年，第291页。
[29] 鲁迅：摹写《郑季宣残碑》，载李新宇、周海婴主编《鲁迅大全集　第22卷　鲁迅辑校石刻手稿·碑铭（上）》，长江文艺出版社，2011年，第291页。
[30] 鲁迅：《〈郑季宣残碑〉考》，载《鲁迅全集》第8卷，人民文学出版社，2005年，第79页。
[31] 鲁迅：《〈郑季宣残碑〉考》，载《鲁迅全集》第8卷，人民文学出版社，2005年，第79页。
[32] 鲁迅：《〈郑季宣残碑〉考》，载《鲁迅全集》第8卷，人民文学出版社，2005年，第79页。
[33] 许可：《鲁迅"钞古碑"事迹考》，《人文杂志》2020年第2期。
[34] 鲁迅：摹写《郑季宣残碑》，载李新宇、周海婴主编《鲁迅大全集　第22卷　鲁迅辑校石刻手稿·碑铭（上）》，长江文艺出版社，2011年，第291页。
[35] 鲁迅：《〈郑季宣残碑〉考》，载《鲁迅全集》第8卷，人民文学出版社，2005年，第79页。
[36] 鲁迅：《〈郑季宣残碑〉考》，载《鲁迅全集》第8卷，人民文学出版社，2005年，第79页。
[37] 鲁迅：摹写《郑季宣残碑》，载李新宇、周海婴主编《鲁迅大全集　第22卷　鲁迅辑校石刻手稿·碑铭（上）》，长江文艺出版社，2011年，第292页。

国民政府时期犍为焦油厂探析
（1940—1946 年）

吕振波

（遂宁市博物馆）

摘要： 1937 年抗日战争全面爆发后，国民政府丢失了包括首都在内的东南沿海地区大部分国土。为统筹全局，坚持抗战，国民政府决定西迁，随即大量工厂涌入四川地区，其中岷江流域的乐山、犍为、五通桥地区成为内迁工厂的重要基地之一。彼时该地区工业聚集，资源委员会为缓解战时四川大后方燃料动力生产问题，依托岷江丰富的水电和煤炭资源，在犍为筹备成立了大后方最为重要的化学能源工厂之一的犍为焦油厂。全文以犍为焦油厂为研究对象，从机构筹备、机构设置、人员构成、业务状况、员工福利、贡献局限几个方面进行论述，以期为相关研究助力。

关键词： 犍为焦油厂；资源委员会；煤炼油

一、犍为焦油厂的筹备建立

国民政府资源委员会创建于 1932 年 11 月，原名国防设计委员会，侧重国内各种资源调查和国防设计。1936 年以后，开始实际创办发展国防重工业，特别"注重华中国防区域"[1]，1937 年 10 月国民政府迁都重庆后，着重经营西南大后方的工业建设，电力、煤炭、液体燃料、铁铜重金属等战时急需工业开始优先发展。特别是 1940 年以后，"国际运输日益艰难，国内生产愈显重要，建设遂更积极，油矿钢铁等厂，次第兴办"[2]，为解决日益紧缺的燃料动力问题，国民政府在 1940 年选派一批以留美归来专家为主的团队赴犍为县一带考察，通过实地勘测考察，发现犍为附近有石磷、石板溪等煤矿，且煤矿品质多为烟煤，"颇适宜于提制液体燃料"[3]，加以岷江江水无尽，考察队在此基础上，"拟具设厂计划"[4]。

资源委员会在 1940 年 5 月正式筹备成立犍为焦油厂，设立于犍为西坝，设厂资金国币 850 万元，计划以附近烟煤低温蒸馏，提炼煤焦油及其代汽油等副产品。1941 年 3 月主要厂房及蒸馏设备大体完成，1941 年 4 月部分厂房开工出货，6 月正式开工，主要产品为"煤气、煤膏、半焦，煤气可出苯、甲苯、氢气、硫酸铵（又称"肥田粉"）等，为工业、染色、药品、肥料之原料。煤膏可出汽油、石脑油、煤油、柴油、机油、枪油、沥青、变压器油、高级醇等"[5]，产品多为化工原料，量产后为当时汽车、航空提供燃油以及大后方军工企业生产提供急需动能。1941年10月1日，时任经济部部长兼资源委员会主任委员的翁文灏和犍为焦油厂员工冯先藩商谈生产情况："该厂月生产高级汽油1000加仑，柴油2000加仑，灯油1000加仑，焦炭300吨，此外尚出沥青15吨，又出卫生水，自来水等。"[6]至1943年初，"每日处理烟煤五十吨之初步计划已告成，本厂生产产品已达13种之多，炼焦炼油工业在国内尚属首创。"[7]犍为焦油厂已经初见规模。

综上所述，犍为焦油厂是在国民政府西迁，海运中辍，大后方工业生产兴起，动力能源需求殷切的背景下应时应地而生，是我国近代四川地区最为重要的化学能源工厂之一，在犍乐地区工业发展史中留下独特的一笔。

二、犍为焦油厂的机构设置与人员构成

犍为焦油厂在成立之初设立有组织章程，随着生产规模扩大，原有组织章程规定人员出现不足，根据资源委员会"1941年9月23日发布的资源委员修正附属机关组织通则规定，根据事实之需要，拟具所属厂修正组织章程。"[8]焦油厂在1942年4月和1943年7月分别两次修改组织章程，1943年7月修改章程规定，"设置机构有厂长1人、总工程师1人、均由资源委员会派充；设立总务课、业务课、会计课、工务课四课，各课设课长一人，除会计课课长及其代理人依经济部及所属机关办理会计人员暂行规定任用外，其余均由资源委员会派充；各课根据工作实际需要分设股办公室，每股设股长一人；设秘书1人，专员1～2人，工程师2～4人，副工程师4～6人，研究员1人，副研究员2～4人；设助理工程师8～12人，助理研究员3～5人，课员12～16人，工务员、事务员及工务生若干人，必要时酌情雇员及实习员生；依据事实需要设立医务人员；设立对外接洽业务办事处主任1人。"[9]根据章程可知，厂长、总工程师、工程师课长构成了焦油厂的领导层（表1）。

表1 犍为焦油厂重要职员信息表[10]

职别	姓名	履历	学历
厂长	黄人杰	四川犍为焦油厂长、云南酒精厂长	美国加州理工大学、美国麻省理工大学化学
代理厂长（总工程师）	陈梓庆	广东省建设厅工业试验总工程师	国立清华大学、留学美国麻省理工大学化学系
工程师	袁炎基	四川犍为焦油厂工程师、台湾糖业公司总工程师	国立中山大学化学工程系
业务课课长	潘载生	广西统计局职员	国立清华大学
会计课课长	肖明柱	资源委员会华北钢铁公司石景山钢铁厂会计室主任	暂无资料
工务课课长	傅梦熊	资源委员会专员、交通部驻印度代表处副工程师	南开大学电机工程系

从上述表格可见，焦油厂领导层大多数都受过高等教育，其中厂长、代理厂长均是赴美留学人才，并且取得国外顶尖大学化学工程硕士学位。课长虽未赴国外留学，但分别毕业于"国立"中山大学、"国立"清华大学、南开大学等当时一流大学，均有国家部门任职或者国立高校任教的经历。除上表指出的领导层之外，焦油厂的工程师、副工程师、助理工程师大多毕业于国立武汉大学、国立湖南大学等高校化工系。值得注意的是，焦油厂在建设发展过程

中，广泛吸收当时各学校的学生实习员，实习员成为该厂重要的人员构成之一（表2）。

表2 犍为焦油厂实习员信息表[11]

姓名	学历	籍贯	年龄
雷天威	湖南省立高级工业学校	湖南益阳	27
□渲	"国立中央"大学化学系	江苏武进	23
□莫	广东肇庆高中毕业	广东高要	26
罗大直	湖北省立联中巴农分校	湖北松滋	20
朱忠干	国立商学院会计统计系	湖南长沙	26
龚兰阁	河南省立郑县工业职业学校高级部化工科	河南唐河	27
李成勋	国立上海医学院药科学	山东滕县	32
陈荣悌	国立四川大学化学系	重庆垫江	22

备注：挑选部分实习员

国内高校大举西迁的大背景，为当时工厂提供了合作红利，"敝院化学工程系例于每年暑假介绍高级班学生前往各工业机关实习借以增进技术效能及研究兴趣。"[12]焦油厂与金陵大学、国立四川大学、震华中学等一批学校建立合作关系，使有兴趣的学生来焦油厂实习，其中一批实习员在完成实习期后，凭优良考核单和实习报告可以成为犍为焦油厂的正式从业人员，享受正式员工的待遇，为炼油事业作出贡献。实习员是焦油厂人员构成的重要一环，既缓解了人力资源的紧缺，又培养出一大批炼油化工人才。

犍为焦油厂的构成人员，均受过不同程度的教育，既有国外留学归来与国内一流化工高校毕业的工程师，又有各级专业教育或者高中毕业的课员、实习员，不同层次的人才共同构成了犍为焦油厂的人员团队。

三、生产产品及与大宗用户请购情形

犍为焦油厂的主要产品是通过烟煤低温炼焦生产的液体燃料，如汽油、柴油、煤油，来保障战时内迁大后方工厂生产，为汽车、航空器具提供动力原料。还有半焦、煤气、煤膏等副产品，其中半焦（煤制气）既可做工业燃料，又因经济卫生可做民用燃料，"因其具备经济卫生条件，西洋各国城市居民多乐用此种燃料。"[13]除半焦外，最重要的副产品是柏油（沥青），每年产出300多吨柏油，用途广泛，可做干电池的碳极、蓄电池内的绝缘材料、马路铺设材料等，且是最好的防腐防锈涂料。

犍为焦油厂在1941年正式出货后，便开始为大后方的军工、民用生产提供源源不断的燃料供应。当时，国民政府经济部规定，犍为焦油厂生产的汽油、柴油按照专案销售办法，不得由厂方自由买卖，因此，机关请购就成为当时燃料售卖最主要的方式之一（表3）。

表3 犍为焦油厂签订购买合同单位一览表

工厂名称	购买事宜
成都航空委员会军政厅	1941年购1万加仑高级汽油
军事委员会办公厅	1942年6月购柏油23公斤
航空委员会第六运转所乐山介绍所	1943年购汽油650加仑
渝鑫钢铁厂	1943年12月购柏油6吨
兵工署三十厂	1943年购柏油3吨
中国工业炼汽公司	1943年购柏油10吨
大风化学工业社	1944年100磅石炭酸

除上述单位外，焦油厂还与岷江电厂、兵工署二十一厂、内江酒精厂、资中酒精厂、威远煤矿、广西平桂矿务局、宜宾中央电瓷制造厂、自流井电厂、四川永利化学公司川厂等军工企业签订请购合同。根据上述表格和签订请购合同公司可以看出，焦油厂签订的请购合同

大多为和国防工业联系紧密的工厂，通过提供燃料以及柏油，有效保障了战时国防工业的正常运转。同时，犍为焦油厂在签订合同选择上也谨遵了抗战重要性优先原则，1943年中国工业炼汽公司"因柏油原料未能如期供给，最近一个月内即有停工之虞而影响国防民生。"[14] 焦油厂便设法供给中国工业炼汽公司柏油10吨，相关案例还有诸多。焦油厂除燃料外的副产品，是可以由厂方直接销售于民间或各工厂的，为扩大自己产品销售渠道，1942年5月，犍为焦油厂在《中央日报扫荡报联合版》刊登了广告[15]，从广告可以看出，犍为焦油厂大量供应柏油、煤油、来沙尔等化工原材料，且登记洽谈地址是犍为焦油厂重庆办事处，位置在重庆林森路206号，当时林森路是重庆的中心大街，由此可见，犍为焦油厂十分看重当时工业民生最发达的地区业务。

犍为焦油厂从1941年7月正式出货，到1942年10月增添新设备每月生产液体燃料2000加仑，最后直到1946年被岷江电厂接收的5年生产期间，为整个西南大后方的国防军工企业提供了大量的化学原料和运输原料，同时为犍乐地区的民生工业提供了动力原料，为支撑抗战胜利做出巨大的贡献。

四、相对完善的职工福利制度建设

为改善劳资关系，缓解劳资矛盾，增强员工归属感，犍为焦油厂制定了员工精神指导及福利事项计划大纲。1941年2月，"本厂即将建设完成，努力生产故对员工精神之指导，福利之增进，自广积极筹划进行。"[16] 通过精神指导和一系列福利制度建设，一定程度减少了员工的流失率，增加了整个工厂职工的凝聚力。焦油厂精神指导和福利制度建设主要有三点。

一是精神指导。该厂开展系列精神指导，如定期和不定期举行厂内音乐会及讲演会，采取表彰优秀员工等措施，提高员工的认可度和荣誉感，增强员工的事业心和生产积极性，同时规定精神指导需注意四个方面，分别是"崇奉三民主义、坚定抗战思想、提倡服务道德、培植互助精神。"[17] 可以看出，在当时艰难的处境下，该厂自上而下坚定抗战的意志，通过全体员工努力生产，达到奠定新兴国防工业基础、支撑战事胜利的目的。

二是配套娱乐教育场所。如图1，焦油厂设置有图书馆、阅报室、文艺室，为组织乒乓、棋类游戏，设置运动场、球场及运动设备等场所，以供职工在工作之余放松。此外，关于教育事项，焦油厂办有员工子弟学校，以普及国民教育为原则，在员工子弟学校还办有职工补习学校或补习班。

在此基础上，焦油厂还办有消费合作社，售卖"员工日常用品，米煤等大宗生活必需品，本厂牧场出产的家禽及特种蔬菜的产品，食品点心等商品。"[18] 满足员工的生活所需。通过设置娱乐、教育、消费合作社等场所，可以在一定程度上满足职员的娱乐、教育和消费的需求，从而保障工厂生产生活的正常运转。

三是完善医疗配套设施和建立医疗抚恤制度。焦油厂设立有医务室，聘请医师及护士，购买有担架、急救箱等医疗设备，以保证工厂常备医疗能力。同时，还建立有医疗抚恤制度（表4）。

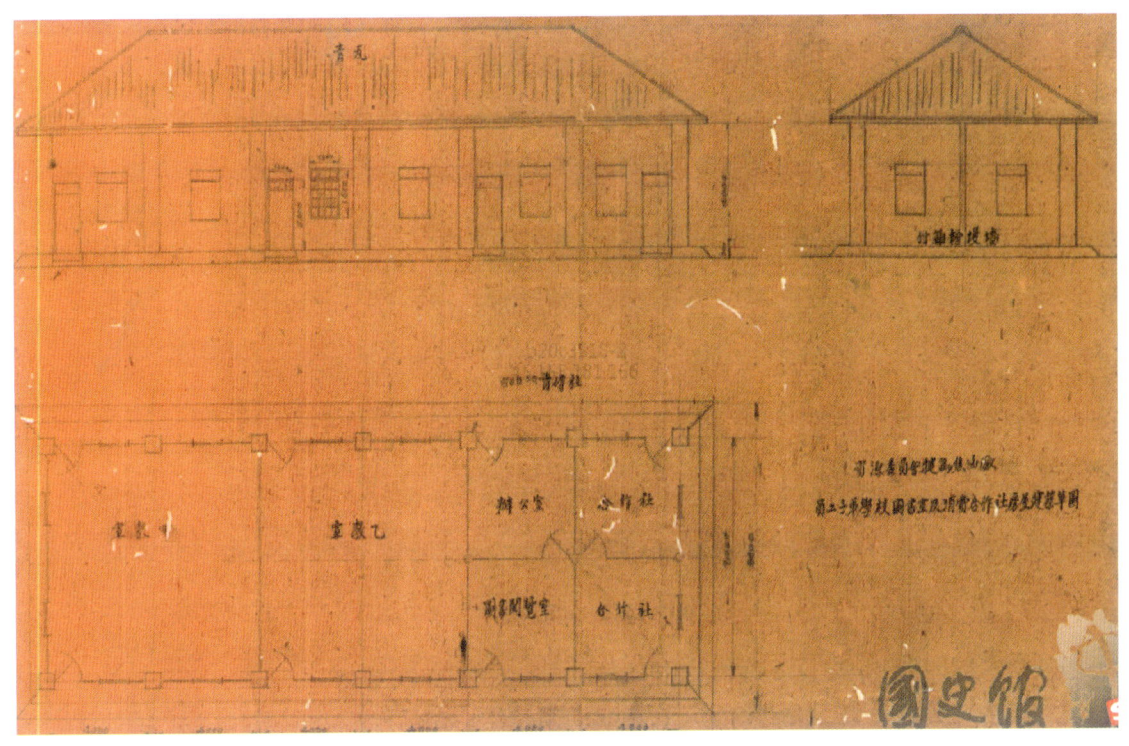

图1 犍为焦油厂员工子弟学校图书室及消费合作社房屋建筑草图[19]

表4 犍为焦油厂员工医疗抚恤部分相关信息

姓名	事实	抚恤事由	抚恤金额	申请人
罗德华	患天花死亡	所遗妻子生活无依	120元及1月工资	罗克明
周青云	积劳病故		567元	周复兴
刘绍初	积劳病故		1850元	刘晓初

从表格可以看出，殉职或者因公受伤都会获得抚恤，且职别不同、工龄不同的员工获得抚恤金也不一样，目的是尽可能保障员工的基本权益。

犍为焦油厂的福利制度建设比较全面，通过精神指导和一系列福利制度建设，在当时艰难的背景下，尽可能地为员工提供了一个比较舒适的生产生活条件，在一定程度上减少了劳资矛盾，提高了整个工厂的生产效率，从而能在有限的时间为大后方工业建设生产更多的产品。

五、特定的历史贡献

犍为焦油厂是在沦陷区大批工业内迁至四川的背景下建立的化工工厂，其存在期间，生产的工业产品对大后方的抗战事业和社会发展做出较大的贡献，主要体现在几个方面。

一是促进了犍乐地区的经济社会发展。抗战之前，犍乐地区工业基础主要以制糖、药材加工、制盐、小煤炭开采为主。国民政府迁都后，犍为县"随人口增加，工业之建立，系工业区域。"[20]

表5　1944年犍为县工厂一览[21]

名称	专营业务	所在地
岷江电厂	电力	老龙坝
永利公司	化学	老龙坝
嘉阳公司	煤矿	芭蕉沟
美亚公司	织绸	桥沟儿
川康毛织厂	织呢	磨子场
川南铝矿公司	铝矿	清水溪
裕记火柴厂	火柴	清水溪
鼎丰和厂	铁锅	清水溪
玻璃厂	玻璃	石板溪

犍为县境内各乡镇设立工厂甚多，诸如电力、煤、铅、铝、玻璃、纺织、火柴等工业均有专营工厂，产有大量产品。其中最重要的岷江电厂、永利公司均与犍为焦油厂签订有请购合同，从焦油厂获取柏油等燃料原料以供正常生产，而岷江电厂生产的水电、永利公司生产的碱既可供给犍为地区村镇居民生活用电及肥皂等生活必需品，同时可以有效支持附近各工厂生产，截至1944年，犍乐地区建立了炼焦、制盐、制碱、煤炭、纺织、水泥、木材干馏等门类众多的新兴工业。犍为焦油厂的成立，直接促进了犍乐地区的工业发展，继而推动了经济、人口、社会的发展。

二是推动了我国低温炼焦工业的进步。煤焦油工业快速兴起于第一次世界大战之后。我国低温炼焦工业始于1933年创立的矿业试验所，用以研究低温炼焦提油方法，1936年淮南煤矿低温炼焦实验报告"委托英国可可耐的低温炼焦公司代为实验"。[22]可以看出，此时我国的理论已趋向成熟，但尚无生产能力，1941年犍为焦油厂正式出品600度低温炼焦产品，从理论实践到成功出品，在四川乃至国内都是首创，1942年，犍为焦油厂生产的13种产品品质精良，与进口产品比较，有过之无不及。值得一提的是，1944年资源委员会主办了工矿产品展览会，犍为焦油厂入选化工工业参展单位，其生产的低温干馏煤陈列于工馆，并备注有"国内技术之先导"。[23]同时，犍为焦油厂为中国的低温炼焦工业储备了大量人才，时任该厂工程师的吴子炉、张国士后均成为化工专家。

六、结语

1946年，犍为焦油厂按资源委员会统一安排，将该厂土地、房屋、器具等一切固定资产、债权债务工作全部交由岷江电厂接收，结束了其6年的生涯，支援并见证了抗战取得胜利。犍为焦油厂从1940年正式成立到1946年被接收，在6年的时间内取得了诸多成就。从技能层面来讲，犍为焦油厂实现了当时国内低温炼焦从理论成就到实践成就的跨越，具有开拓性的创举，使得国内充足廉价的煤炭资源得到充分利用，这样的煤炭综合利用，在当时国内是具有技术先进性的。从生产本身来讲，煤焦炼油生产出的液体燃料及副产品，对于繁荣犍乐地区经济，对于国防资源、民生资源，实不无小补也。

注释：

[1] 资源委员会:《经济部资源委员会工矿产品展览会提要》，1944年第2期。
[2] 资源委员会:《经济部资源委员会工矿产品展览会提要》，1944年第2期。
[3] 张高峰、张刃:《高峰自述 抗战生涯》第1部，北岳文艺出版社，2018年，第127页。
[4] 中国人民政治协商会议湖南省沅陵县委员会文史资料研究委员会编:《沅陵文史》第3辑，1988年，第34—40页。
[5] 杨纪:《战时西南》，百新书店，1946年，第42—45页。
[6] 李学通:《翁文灏年谱》，山东教育出版社，2005年，第73页。
[7]《为呈送本厂修正组织章程草案一份祈核示理由》(1943年5月)，台"国史馆"藏，档案号：003-010101-0345。
[8] 资源委员会:《犍为焦油厂三十一年二月六日犍字第541号呈略》(1941年9月23日))，台"国史馆"藏，档案号：003-010101-0345。
[9]《修正资源委员会犍为焦油厂暂行组织章程》(1943年7月)，台"国史馆"藏，档案号：003-010101-0345。
[10] 根据犍为焦油厂职员录及相关佐证资料整理（1943年7月），台"国史馆"藏，档案号：003-010101-0345。
[11] 资源委员会煤矿石油事业单位犍为焦油厂人事，"中央研究院"近代史研究所档案馆馆藏，档案号：24-12-59-001-01。
[12] 资源委员会煤矿石油事业单位犍为焦油厂人事，"中央研究院"近代史研究所档案馆馆藏，档案号：24-12-59-001-02。
[13] 张高峰、张刃:《高峰自述 抗战生涯》第1部，北岳文艺出版社，2018年，第127页。
[14] 经济部工矿调整处公函，台"国史馆"藏，档案号：003-010303-0429。
[15] 犍为焦油厂刊登广告案，台"国史馆"藏，档案号：003-010102-2057。
[16] 资源委员会各附属机关办理员工福利情形，台"国史馆"藏，档案号：003-010102-1241。
[17] 资源委员会各附属机关办理员工福利情形，台"国史馆"藏，档案号：003-010102-1241。
[18] 犍为焦油厂员工子弟学校图书室及消费合作社房屋建筑草图，台"国史馆"藏，档案号：003-010102-1241.
[19] 资源委员会各附属机关办理员工福利情形，台"国史馆"藏，档案号：003-010102-1241。
[20] 沈德源:《犍为经济概况》，《四川经济月刊》1944年第4期，第394—402页。
[21] 沈德源:《犍为经济概况》，《四川经济月刊》1944年第4期，第394—402页。
[22]《淮南煤低温提油焦试验报告》，《淮南煤矿六周纪念特刊》1936年6月卷，第319—324页。
[23] 资源委员会:《经济部资源委员会工矿产品展览会议提要》，1944年第2期。

朱熹《跋李忠州家诸帖》考实

刘 涛

(肇庆学院 肇庆经济社会与历史文化研究院)

摘要：本文围绕朱熹《跋李忠州家诸帖》流传情况，揭示其载入地方志始末，分析其鲜为人知原因。考证此跋真伪，考辨李亨伯籍贯、家世、功名、仕履、交游、为人处世、诗文书画作品与藏品，还原朱熹题跋的历史情境。从中发现，朱熹漳州知州任内，曾视宋徽宗忠州防御使李亨伯后裔李襚家藏邹浩、王巩、刘安世、苏过所作碑帖，有感于李亨伯才华横溢、高风亮节、教子有方而为之作跋。此跋被《古今图书集成》收录，为道光《福建通志》引用。

关键词：朱熹；《跋李忠州家诸帖》；李亨伯；苏轼；苏过

学术界关于朱熹《跋李忠州家诸帖》已有述及，却存在文献搜集不够、文本分析不足的问题。曾枣庄、刘琳《全宋文》一书根据道光《福建通志》记载，认为李亨伯担任梧州知州时丁母艰，却未发现苏过《书漳南李安正防御碑阴》《舆地纪胜》所载李亨伯"帅邕管"时丁母丧；所述李亨伯仕履与宦绩，未查阅《舆地纪胜》记载，而漏载李亨伯曾任上杭知县；根据晚近《方舆胜览》记载，认为李亨伯官至全州知州，却未查阅苏过《书漳南李安正防御碑阴》《跋李防御遗文》记载而发现李亨伯实则官至忠州防御使；根据《粤西文载》所云李亨伯于大观元年（1107年）64岁时以全州知州致仕，推算李亨伯生于1044年，却未发现李亨伯实则官至忠州防御使，无法据前者推算其生年；虽采同治《福建通志》(实则同治重刊道光《福建通志》)所载李亨伯"字安止"，却未提《粤西文载》所云李亨伯"字安正"，未发现李亨伯"字安止"，实则笔误；未提道光《福建通志》所载李亨伯"除忠州防御使，未几致仕归"，而阙载李亨伯官至忠州防御使；虽述及朱熹《跋李忠州家诸帖》，却未揭示"李忠州"实则是官至忠州防御使的李亨伯[1]。

朱熹此跋未收录朱熹文集，亟需考辨其史实问题，为此搜集地方志、文集等史料，还原朱熹题跋过程，分析其原因与影响。

一、朱熹知漳曾为李亨伯题跋

（一）道光《福建通志》采编《古今图书集成》记载

《古今图书集成》收录《跋李忠州家诸帖》，虽署名"前人"[2]，作者实则"新安朱熹"。

郡人李君襚伯仲视予以其家藏群公碑志书帖，知忠州使君之节概才略绝人如此。而年未及老，乃能一旦飘然谢事而归，其识远而虑深矣。刘忠定公题其碑阴，至以侪于欧、范二公，岂徒取夫一节之高而已哉？其子晋江大夫又以文字追逐一时名胜之间，盛见称许。虽不幸未究其实以死，然视世之苟贱贪鄙而泯没于无闻者，则有间矣。读之三叹，欲刻之石，以视邦人，而迫去不果，乃书其后而归之。恕斋之说，唯邹忠公为详实，然其卒章亦不能无可疑者。习俗之溺人如此，吁可畏哉！黄太史所论读书贵精者，切中学者之病，惜其手帖之不存也。新安朱熹书。[2]

"郡人"指漳州人。"李君襁伯仲"指李襁兄弟，系李亨伯后裔。"刘忠定公"指刘安世，谥号忠定。"欧、范二公"指欧阳修、范镇。"其子晋江大夫"指李大方，"终知晋江县"[3]。李亨伯"子大方，以文名于时，有《省、恕二斋铭》《烈妇传》等作见《清漳集》"[4]。"群公碑志书帖"除《舆地纪胜》所载李亨伯去世后，"邹浩为之铭，王巩作神道碑，刘安世书其碑阴"[5]外，有苏过所撰《书漳南李安正防御碑阴》《跋李防御遗文》。"黄太史"指李大方的恩师黄庭坚，曾作《答李几仲书》，"李几仲"即李大方，字几仲。

道光《福建通志》李亨伯传认为朱熹此跋作于朱熹漳州知州任内。

绍熙初，朱子守漳州，见其家所藏碑志，跋曰：忠州使君节概才略绝人，而年未及老，飘然谢事而归，其识远而虑矣！刘忠定公以侪于欧范二公之列，岂徒取夫一节之高而已哉！[3]

"绍熙初"指绍熙元年到二年（1190—1191年）。"朱子"指朱熹。"守漳州"指任漳州知州。"忠州使君"指李亨伯"除忠州防御使"[3]。

朱熹缘何为李亨伯题跋？这就要从李亨伯生平事迹说起。

（二）李亨伯籍贯与字号

李亨伯籍贯有三说。

其一，漳州人。《舆地纪胜》作"漳州人"[5]。《方舆胜览》作"郡人"[6]，此"郡人"即漳州人。

其二，龙溪县人。《寰宇通志》作"龙溪人"[7]，《八闽通志》[8]、正德《大明漳州府志》[9]沿此说，嘉靖《龙溪县志》为之立传[10]。

其三，漳浦县人。邹浩《跋漳浦李大忠微叔所藏书画尾》载"漳浦李大忠微叔与兄大方几仲皆从山谷游"[11]。

龙溪县是漳州治所，李亨伯具体是漳州龙溪县人，漳浦县实则其子居所。

李亨伯的表字有三说。

其一，字安正。苏过《书漳南李安正防御碑阴》称"李安正"[12]。《舆地纪胜》作"字安正"[13]，《八闽通志》[8]、正德《大明漳州府志》[9]、嘉靖《龙溪县志》[10]、罗青霄万历元年（1573年）《漳州府志》[14]沿此说。

其二，字安止。万历癸丑《漳州府志》作"字安止"[4]，《闽书》[15]、康熙《福建通志》[16]、康熙《漳州府志》[17]、乾隆《福建通志》[18]、乾隆《龙溪县志》[19]、乾隆《漳州府志》[20]、道光《福建通志》[3]、光绪《漳州府志》[21]沿此说。

其三，字安正，又字安止。孔凡礼《苏轼年谱》作"李亨伯（安正、安止）"[22]，采自苏过《书漳南李安正防御碑阴》及《舆地纪胜》、乾隆《漳州府志》[22]。

笔者认为应以与李亨伯挚友苏过所撰《书漳南李安正防御碑阴》、较早刊行的《舆地纪胜》所载为是，即李亨伯字安正。万历癸丑《漳州府志》将"正"字误作"止"字，孔凡礼《苏轼年谱》未考证早期地方志，未揭示李亨伯"字安止"实则手民之误。

李亨伯功名有二说。

其一，进士。《寰宇通志》提及李亨伯是"宋治平二年彭汝砺榜进士"[7]。

其二，特奏名。康熙《福建通志》提及治平二年乙丑"特奏名""龙溪县……李亨伯"[16]。

康熙《福建通志》又作李亨伯"治平间进士"[16]，自相矛盾。应以较早成书的《寰宇通志》记载为是，即李亨伯实系进士。

二、李亨伯是享誉文坛的地方名宦

（一）李亨伯仕履

李亨伯历任怀安、上杭、东莞、梧州、澧州、永州、全州、邕州、忠州等地，宦绩显著。《八闽通志》载李亨伯"调福之怀安尉，累迁奉议郎，知广州东莞县，县有盗累，政莫敢谁何，亨伯掩捕之"[8]，此"福"指福州，"怀安"指怀安县。

《舆地纪胜》称李亨伯曾任上杭知县。

> 知上杭县。有富家子讼分不决，公曰："若一母乎？"曰："然。"动容而告之曰："争相仇敌，由异姓妇故也。"五子泣拜谢过，为兄弟如初。[5]

《寰宇通志》沿此说[7]，改"子"为"兄弟"、"讼分"为"争讼"、"公"为"亨伯"、"动容"为"乃动容"。

开庆《临汀志》所载上杭知县始于"绍兴二十九年"[23]，而未提绍兴二十九年（1159年）前到任的李亨伯。

正德《大明漳州府志》称李亨伯"授福州怀安尉，升知东莞县"[9]，不确。《八闽通志》所载李亨伯既由怀安县尉"累迁"而任东莞知县，只是该志未载明。

李亨伯曾任东莞知县，即苏过《书漳南李安正防御碑阴》所云其"官南海"。

> 公尝言："少时官南海，有剧贼三十余人，出没海道，人不敢近，乃以计变姓名，易衣服，挟二童以往，尽缚之。由是显名。其临义勇决，蹈水火，人有不可学者。况于脱屣轩冕，得不优为之乎？"[12]

苏过《跋李防御遗文》称"防御公以儒者尉南海，设方略，破剧贼"[12]，"尉"指县尉，李亨伯实则未任东莞县尉，而是元丰五年到元祐元年（1082—1086年）任东莞知县。嘉庆《东莞县志》载东莞知县"李伯亨，宣德郎，元丰五年任"[24]，其继任方子容"元丰九年任"[24]，"李伯亨"应改作"李亨伯"，"元丰九年"即"元祐元年"。《八闽通志》称李亨伯知东莞任内"以功迁朝散郎，知梧州"[8]，此"功"指李亨伯捕盗事功。

苏过《跋李防御遗文》称李亨伯"进秩至苍梧太守，知名南服"[12]，以"受代还漳江，过罗浮，为先君留十日"[12]，与苏轼订交。李亨伯备受苏轼称道，认为其是"真天下奇男子！公还朝，果为天子所知，擢帅邕管，蛮遁去，不敢饮马于江"[12]，"不逾年，公还朝，宰相荐换右列，付方面"[12]。

《舆地纪胜》："七公祠：在罗汉寺。绍圣初，知州李亨伯创置于冰水（泉）之巅"[25]，《八闽通志》载李亨伯梧州任内"兴学劝士转朝奉大夫。用荐者换庄宅使，知澧州"[8]。

"帅邕管"指邕州安抚使。乾隆《南宁府志》所载"宋""邕州安抚使"[26]名单未提李亨伯。究其原因，源于该志载"元丰三年"[26]担任该职的赵宗辉之后，除未载任职时间的"钱沈"[26]外，只述及"绍兴初"[26]任此职的陈朴，但元丰三年到绍兴元年（1080—1131年）不可能只有一位邕州安抚使。

李亨伯知梧州前，曾先后知潭、全二州。《八闽通志》称李亨伯"知全州，诸蛮皆服其威名"[8]，正德《大明漳州府志》亦称其"知全州，经理西原诸蛮，威名大著"[9]，《闽书》言李亨伯"知澧州、全州，诸蛮服其威名"，均不确，所谓"诸蛮皆服其威名"应是李亨伯邕州宦绩。《八闽通志》未揭示苏过《书漳南李安正防御碑阴》所载李亨伯"擢帅邕管"所指，未发现李亨伯担任忠州防御使之前曾"帅邕管"。正德《大明漳州府志》、嘉靖《龙溪县志》、罗青霄《漳州府志》均受到《八闽通志》的影响，导致以讹传讹，直至《闽书》据此阐发。

《八闽通志》称李亨伯"崇宁间，知永州团练使"[8]，李亨伯崇宁三年到大观元年（1104—1107年）任全州知州，李亨伯应在崇宁元年到三年（1102—1104年）任永州团练使。

（二）李亨伯为人处世

李亨伯为人孝顺，其母丧时间有二说。

其一，守邕管。《舆地纪胜》载"泽露亭：李亨伯守邕管，遭母夫人忧，边郡不许解官。安正求罢于朝，五章哀请而后许。明年甘露降其家庭柏之上，张商英为作诗以赋其事，邹浩、陈瓘有诗"[25]。《方舆胜览》载"泽露亭：李亨伯守邕管，遭母夫人忧……邹志完、陈莹中皆有诗"[6]、"邹志完"即邹浩，字志完；"陈莹中"即陈瓘，字莹中。

其二，知梧州。《闽书》称李亨伯"迁知梧州……丁内艰，不许解任，五上章哀乞，乃得"[15]，"丁内艰"指奔其母丧。

"守邕管"指邕州知州，苏过《书漳南李安正防御碑阴》所载"帅邕管"指邕州安抚使，应以较早刊行的《舆地纪胜》所载为是，即李亨伯邕州安抚使任内丁母忧。《方舆胜览》采自《舆地纪胜》，但将邹浩、陈瓘改称其表字。《闽书》未发现"守邕管"实为"帅邕管"之误，误以为"守邕管"指梧州知州。

李亨伯"有任子恩，悉推予弟侄"[4]，团结友爱。

李亨伯为人坦诚，学识渊博，明知州县对苏轼避之不及，却不畏牵连，毅然与之订交。苏过《书漳南李安正防御碑阴》载：

> 先君子初不识面也，慨然论世间事，商略古今人物，下至医卜技艺，皆出人意表。先君惊喜，以相见为晚。而公冒犯简书之畏。[12]

李亨伯与苏轼推心置腹，谈古论今，相见恨晚。李亨伯"乐赒人急"[9]，即乐于助人，急人之所急。

李亨伯诗文字画作品备受推崇。苏过《跋李防御遗文》载"读其遗文，观其字画，雍容浑厚，而不迫切，君子哉"[12]，正德《大明漳州府志》称李亨伯"为文有体，尤长于诗，为苏文忠公轼所器"[9]，实则李亨伯学识获苏轼器重，即李亨伯"论世间事，商略古今人物，下至医卜技艺"。李亨伯诗文获苏过推崇。正德《大明漳州府志》此说为嘉靖《龙溪县志》沿用，仅改"所器"为"器重"[14]，罗青霄《漳州府志》采用嘉靖《龙溪县志》记载。万历癸丑《漳州府志》载"苏轼子苏过跋其遗文"[4]，实则根据正德《大明漳州府志》记载，采自苏过《跋李防御遗文》。

李亨伯遗作今存其梧州任内所撰《东山记》，见载于《舆地纪胜》。

习隐堂。太守李公亨伯《东山记》云："东山行之百余步，长松参天，分布行列。纵步而游，其势自然，若梯若栈，乃作习隐堂。又西北低于冰井。"[25]

三、朱熹所云"李忠州"源于李亨伯官至忠州防御使

（一）李亨伯实非官至全州知州

李亨伯官至忠州防御使史料。

其一，李亨伯故里早期地方志记载。《八闽通志》称其"终忠州防御使"[8]，正德《大明漳州府志》[9]、嘉靖《龙溪县志》[10]沿此说。万历癸丑《漳州府志》称其"终忠州防御使"[4]，《闽书》[15]、康熙《漳州府志》[17]沿此说。乾隆《龙溪县志》[19]、乾隆《漳州府志》[20]采自康熙《漳州府志》。道光《福建通志》称其"除忠州防御使"[3]，参考《古今图书集成》所载朱熹《跋李忠州家诸帖》，采自《闽书》。光绪《漳州府志》称其"终忠州防御使"[21]，采自乾隆《漳州府志》。

其二，获得嘉靖忠州进士罗青霄的认可。罗青霄《漳州府志》载李亨伯"终忠州防御使"[14]，采自"县志"[14]，此"县志"指嘉靖《龙溪县志》。李亨伯《八闽通志》有传[8]，正德《大明漳州府志》载其传略[9]"削去"《八闽通志》李亨伯传，罗青霄《漳州府志》"补入"李亨伯传。嘉靖《漳州府志》今已佚，罗青霄据嘉靖《龙溪县志》所载为之立传，嘉靖《漳州府志》与正德《大明漳州府志》实未为李亨伯立传。

《舆地纪胜》却有不同记载。《舆地纪胜》称李亨伯"及为全州，年逾耳顺，即上章乞骸骨"[5]，"换武为全州，年六十四，即上章乞骸骨"[13]。《方舆胜览》称"仕至全州守"[6]，"全州守"指全州知州。刘克庄《宝学颜尚书》称"漳前辈李全州享伯六十四而谢事"[27]，"享"字应改作"亨"字，刘克庄认为其官至全州知州而称"李全州"。《寰宇通志》载"及守全州，即上章乞骸骨归，时年方六十四"[7]。嘉庆《全州志》："崇宁三年，以皇城使、永州团练使任全州……大观元年乞致仕"[28]，李亨伯崇宁三年（1104年）出任全州知州，大观元年（1107年）六十四岁时致仕。

《舆地纪胜》始载李亨伯官至全州知州，为《方舆胜览》沿用。刘克庄为龙溪县人颜颐仲所撰神道碑《宝学颜尚书》作于"景定壬戌""其年十二月"[27]，即景定三年壬戌十二月（1263年），"颜尚书"指颜颐仲，乃"漳州龙溪人"[27]，"李全州"采自《舆地纪胜》或《方舆胜览》，却源于《舆地纪胜》。《寰宇通志》采自《舆地纪胜》《方舆胜览》，源于《舆地纪胜》，"《寰宇通志》引用书目"[29]列有"《舆地纪胜》《方舆胜览》"[29]。嘉庆《全州志》根据《舆地纪胜》《方舆胜览》记载而阐发。

李亨伯致仕岁数有二说。

其一，六十四岁。《舆地纪胜》载"李公挂冠之岁方六十四"[13]，"公挂冠方六十四"[5]。《方舆胜览》载"年六十四即挂冠归"[6]，"公挂冠方六十四"[6]。

其二，年逾耳顺（六十岁）。《舆地纪胜》载"及为全州，年逾耳顺，即上章乞骸骨"[5]，"耳顺"指六十岁。《八闽通志》称"年逾六十，即挂冠归"[8]。

李亨伯实则六十四岁致仕。《舆地纪胜》根据刘安世所书碑阴所载李亨伯六十四岁致仕，以知州三年任期推算李亨伯年近六十岁出知全

州。《八闽通志》将李亨伯年近六十出知全州误以为忠州防御使任上"年逾六十,即挂冠归"。

(二)苏过简称忠州防御使为防御使

苏过《书漳南李安正防御碑阴》[12],"漳南"指龙溪县,"李安正"源于李亨伯字安正,"防御"是忠州防御使简称。苏过《跋李防御遗文》称李亨伯为"防御公"[12],苏过搜集李亨伯"遗文"[12]。

苏过与李亨伯订交时间有二说。

其一,绍圣元年(1094年)。孔凡礼《苏轼年谱》认为事发"绍圣元年(1094年)甲戌"[22]。

其二,绍圣三年(1096年)。吴亚南《苏过交游研究》认为事发"绍圣三年(1096年)"[30]。

苏过《书漳南李安正防御碑阴》仅云"绍圣初,先君子谪罗浮"[12],"先君子"指苏轼。苏轼其时处境"是时法令峻急,州县望风指不敢与迁客游。一夕,苍梧守李公安正引车骑叩门,请交于衡门之下"[12],"苍梧守"指梧州知州。苏轼在绍圣元年"十月二日,到……惠州安置贬所"[22],"二十三日,与程乡令侯晋叔、归善簿谭汲同游大云寺"[22],李亨伯实则绍圣元年十月初二日到二十三日期间拜访苏轼。

苏轼留李亨伯时间有二说。

其一,十日。苏过《书漳南李安正防御碑阴》载苏轼"卒留十日"[12],《跋李防御遗文》载李亨伯"为先君留十日"[12]。

其二,十余日。吴亚南《苏过交游研究》认为李安正于此"获留十余日"[30]。

实则应以苏过所载为是。

苏过《跋李防御遗文》自述"某于是时拜公"[12],"过罗浮,为先君留十日,饮酒论道,商略古今,自恨相见之晚。过方侍行,具见其事"[12],"与公之二子几仲、微仲游。今皆有立"[12],"几仲"指李大方,"微仲"指李大忠。苏过于宣和三年辛丑(1121年)题跋李亨伯遗文:"宣和辛丑三(一作二)月二十日得之"[12]。

李亨伯致仕归里数载后去世,"盖将以功名诿焉,而公循然退避,终老于乡里,虽欲挽留而不可得"[12]。

四、结语

综上所述,得出以下两点结论:

第一,朱熹《跋李忠州家诸帖》写作缘起与历史价值。李亨伯是漳州龙溪县名进士,历任福州怀安县尉、汀州上杭知县、奉议郎、广州东莞知县、宣德郎、朝散郎、梧州知州、朝奉大夫、庄宅使、澧州知州、皇城使、永州团练使、全州知州、邕州安抚使、忠州防御使,宦绩突出。李亨伯及其子李大方、李大忠与苏轼、苏过父子长期交往,李亨伯获张商英、邹浩、陈瓘赋诗相赠,邹浩为作墓志铭,王巩为撰神道碑,刘安世为书碑阴,苏过为撰《书漳南李安正防御碑阴》《跋李防御遗文》,促使朱熹应其后裔邀请,为之题跋。朱熹此跋真实可信,见证了朱熹与名宦李亨伯及其后人交往,具有重要的历史文化价值。

第二,朱熹《跋李忠州家诸帖》长期鲜为人知的原因。李亨伯曾任忠州防御使未见西南文献记载,与忠州旧志所载忠州防御使始于南宋"建炎时"[31]有关。该志既囿于苏过未提李安正担任何地防御使,亦未查阅李亨伯故里地方志记载,导致阙载李亨伯的任职情况。朱熹所云"李忠州"与苏过所载"李安正防御"相辅相成,实际上是李亨伯官至忠州防御使的力证。朱熹此跋未收录朱熹文集,实则阙载所致。

朱熹于此未载李亨伯与李大方的表字,导致此跋长期未获世人应有的关注。道光《福建通志》引用朱熹此跋,源于该志作者陈寿祺是福州人,促使其关注同乡陈梦雷《古今图书集成》所录朱熹《李忠州家诸帖》,经陈寿祺详加考证,将此跋采编入志。朱熹此跋所载李大方晋江任职是可信的,却阙载《八闽通志》晋江知县事名单[32],直至道光《福建通志》据此补入。

注释:

[1] 曾枣庄、刘琳主编:《全宋文》,第104册,上海辞书出版社、安徽教育出版社,2006年,第22页。
[2] 陈梦雷等编:《古今图书集成·理学汇编·字学典》,第649册,中华书局,民国二十三年(1934)影印本,第31页a。
[3] 陈寿祺等撰:道光《福建通志》,《中国省志汇编》第9册,台北华文书局,1968年,第3189页。
[4] 闵梦得修、中国人民政治协商会议福建省漳州市委员会编:万历癸丑《漳州府志》下册,厦门大学出版社,2012年,第1420—1421页。
[5] 王象之编著、赵一生点校:《舆地纪胜》,第9册,浙江古籍出版社,2012年,第2980页。
[6] 祝穆撰:《宋本方舆胜览》,上海古籍出版社,1986年,第149—150、262页。
[7] 陈循等撰:《寰宇通志》,第4册,《玄览堂丛书续集》第2辑第13册,正中书局,1985年,第478—480页。
[8] 黄仲昭修纂、福建省地方志编纂委员会主编:《八闽通志》下册,福建人民出版社,1991年,第612页。
[9] 陈洪谟修、中国人民政治协商会议福建省漳州市委员会编:正德《大明漳州府志》,上册,厦门大学出版社,2012年,第833—834页。
[10] 刘天授修:嘉靖《龙溪县志》卷8,中国国家图书馆藏,1965年影印本,第36页b—37页a。
[11] 邹浩撰:《道乡先生邹忠公文集》卷32,第7册,中国国家图书馆藏,明成化六年(1470)刻本,第7页b。
[12] 苏过撰:《斜川集》,江苏古籍出版社,1988年,第164—166页。
[13] 王象之编著、赵一生点校:《舆地纪胜》,第5册,浙江古籍出版社,2012年,第1608页。
[14] 罗青霄修纂、福建省地方志编纂委员会整理:《漳州府志》上册,厦门大学出版社,2010年,第552页。
[15] 何乔远编撰:《闽书》,第4册,福建人民出版社,1995年,第3524页。
[16] 金鋐修,郑开极、陈轼纂:康熙《福建通志》,第2册,《中国地方志集成·省志辑·福建》第1辑,凤凰出版社,2011年,第15、474页。
[17] 魏荔彤修:康熙《漳州府志》卷21,中国国家图书馆藏,清康熙五十四年(1715)刻本,第29页a—b。
[18] 郝玉麟修:乾隆《福建通志》卷46,中国国家图书馆藏,清乾隆二年(1737)刻本,第2页a。
[19] 吴宜燮修:乾隆《龙溪县志》,《中国地方志集成·福建府县志辑》第30辑,上海书店出版社,2000年,第185页。
[20] 李维钰、(清)双鼎修:乾隆《漳州府志》卷36,中国国家图书馆藏,清嘉庆十一年(1806)刻本,第31页b。
[21] 沈定均修:光绪《漳州府志》,《中国地方志集成·福建府县志辑》第29辑,上海书店出版社,2000年,第564页。
[22] 孔凡礼撰:《苏轼年谱》下册,中华书局,1998年,第1136—1183页。
[23] 胡太初修、赵与沐纂:《临汀志》,马蓉、陈抗、钟文、乐贵明、张忱石点校:《永乐大典方志辑佚》第

2册，中华书局，2004年，第1394页。
[24] 彭人杰修：嘉庆《东莞县志》卷19，中国国家图书馆藏，清嘉庆三年（1798）刻本，第3页b。
[25] 王象之编著、赵一生点校：《舆地纪胜》，第8册，浙江古籍出版社，2012年，第2571、2574页。
[26] 苏士俊修：乾隆《南宁府志》卷25，中国国家图书馆藏，清宣统元年（1910）刻本，第6页b。
[27] 刘克庄撰：《后村先生大全集》卷143，第31册，中国国家图书馆藏，清抄本，第13页b、18页a—b。
[28] 温之诚修：嘉庆《全州志》卷8，中国国家图书馆藏，清嘉庆四年（1799）刻本，第2页a。
[29] 陈循等撰：《寰宇通志》，第1册，《玄览堂丛书续集》第2辑第10册，正中书局，1985年，第41、47页。
[30] 吴亚南：《苏过交游研究》，广西师范大学硕士学位论文，2017年，第28页。
[31] 吴友麓修：道光《忠州直隶州志》卷7，中国国家图书馆藏，清道光六年（1826）刻本，第25页b。
[32] 黄仲昭修纂、福建省地方志编纂委员会主编：《八闽通志》上册，《福建地方志丛刊》，福建人民出版社，1990年，第677页。

关于《种芹人曹霑画册》真伪问题之再探讨
——兼论种芹人曹霑"并题"还是"再题"的问题

庞世伟

（齐鲁理工学院艺术学院）

摘要：自《种芹人曹霑画册》被发现以来，在其数十年的鉴定过程中，从全国书画鉴定组认为"存疑""待考"，到红学会专家组鉴定为曹雪芹"唯一真迹"，两个截然相反的结论发人深思。本文从书画鉴定专业视域，对《画册》真伪问题提出了不同的观点和建议，认为鉴定为曹雪芹"唯一真迹"仍是一种"臆断"或者为时尚早。

关键词：曹雪芹；《种芹人曹霑画册》；真伪问题

一、全国书画鉴定组鉴定《种芹人曹霑画册》结论为"存疑"

自20世纪70年代《种芹人曹霑画册》被发现以来，其鉴定过程可谓一波三折。这本《画册》，贵州省博物馆馆内卡片记作"伪曹霑绢本设色花果人物画册/登记号 B.2.2777/清/1册8开/纵31.5横29.4/1979刘锦25元购于贵阳/入馆凭证号：80.15.23/"。由于当时登记为"伪"，即是说当年收购以后就没做文物登记，其登记号为"B.2.2777"，"B.2"是指它仅仅是参考品。1983年8月，国家有关部门推动成立了一支由谢稚柳任组长，启功、徐邦达、杨仁恺、刘九庵、傅熹年、谢辰生任组员的"中国古代书画鉴定七人小组"对该画册作了鉴定，杨仁恺对该画册的鉴定意见是："画是乾隆时人作，诗与画同时。"[1]"是否曹氏？待考。"[2]另在介绍每幅画内容、题款的卡片空白处，有以下三行字："一九八九年全国书画鉴定组鉴定，认为与曹雪芹无关，不像造假，存疑。"此后，该画册并没能引起鉴定专家们的进一步关注。

自20世纪70年代，贵州省博物馆研究人员陈恒安、刘锦最早发现《画册》存世的线索后，从清嘉庆年间曾任陕西巡抚的陶廷杰的后人手中以人民币25元的价格将该画册购得（也有一说是20世纪60年代购得）。据藏品登记卡记录，该画册收购入藏在1979年，经办、鉴定人刘锦，最初鉴定结论为"伪本"，以"伪曹霑绢本设色花果人物画册"定名，作为参考品藏于馆内仓库，未予重视。此后，1983年和1989年国家级书画鉴定组仍然鉴定为"存疑"，这些都是不争的历史事实。

二、红学会专家鉴定《种芹人曹霑画册》为"曹雪芹唯一真迹"

直到2012年，北京曹雪芹学会顾斌先生撰文，就画册和相关文献展开综合研究，该画册遂引起学界关注和重视。2016年9月7日，贵州省博物馆馆长韩洪先生等八名专家，与北京高校、北京红学会、曹雪芹学会等共三十余位专家学者，在北京植物园北京曹雪芹文化中心举办了"《种芹人曹霑画册》品鉴会"，北京大学朱良志教授等专家学者作了讨论发言，但仍无最终定论。最后，曹学会胡德平先生提出，尽管北京曹雪芹学会对各方专家学者围绕《画册》的鉴定、考证、推论的看法不可能完全一致，"但形成了七项倾向性意见"：一是"中国古代书画鉴定组"杨仁恺等专家20世纪80年代关于《画册》年代（乾隆年间）判断的意见是定谳之论。当时，启功、傅熹年、刘九庵、谢稚柳等人都同时看过此画册，并无提出异议。二是有坚实的资料可证明，画册中题诗人曹霑与陈浩、陈本敬父子在生活年代上都有交集，并且有交往。三是陈本敬在此《画册》上的题诗、印章不假。有关专家已经查到《陈本敬书诗稿》上的墨迹印章均有图可与《画册》比对，且完全吻合。四是《画册》的八幅图画均属作者抒情自娱的文人画，反映了"种芹人"的心态与情趣。"种芹人"的款识与曹霑的字号芹圃，两者关系应是一致的。曹霑的名字与种芹人、芹圃、芹溪连为一体，应确为一人。五是画册中有多枚印章，但闲章不闲。除去种芹人之外，别无二人刻此闲章。六是第六图的落款是"种芹人曹霑并题"。落款中的"曹""种""芹""题""霑"字均带有明显的章草笔意，应探索从曹雪芹的书法鉴定其书画作品。七是对曹霑落款中"并题"，应认定为不是"再题"，因为"再题"无解，"并题"的"并"是章草的写法，"并题"至少说明《画册》的画与第六图的题诗是一人所为。同时，其余七幅画与曹雪芹生平思想、《红楼梦》一书内容无论有何关系都有继续深入研究的价值[3]。最后，胡德平先生宣布：《种芹人曹霑画册》是"曹雪芹唯一存世的画册"无疑。然而，从以上鉴定过程看，这一结论是否过于"臆断"或"武断"呢？

三、从书画鉴定专业研究《种芹人曹霑画册》应注意的基本问题

众所周知，书画鉴定作为一项专业性较强的实证性研究工作，该《画册》的真伪问题应主要从以下三个方面着手：首先，要依据《画册》书画作品时代风貌与个人风格，涉及题材主题、笔法墨法、构图设色法等方面的基本时代特征与个性特点，来大胆推论。如红学会专家所说，《画册》是曹雪芹"唯一真迹"，自然无法从以上几个方面进行科学鉴定，如只能根据权威个人的主观臆断，鉴定结果必然不够客观公正。其次，要依据《画册》书画作品题款、题跋、作者姓名堂号、作品名称、创作年代及相关印章等方面，来小心求证。由于《画册》是曹雪芹"唯一真迹"，只能根据相关文献推测求证，这几个方面没有直接证据。在历史文献方面，没有发现曹雪芹书画堂号的明确记载，《画册》题款、题跋的其他作者记载也是极其匮乏；从《画册》封面"光绪壬辰年""忘忧山人""玩"几个字迹看，后人伪造的可能性很大。最后，要依据《画册》书画作品材质纸绢和装裱样式等方面来辅助佐证。但因为书画作品可以多次揭表或者修补，这方面可以忽略不计。此外，鉴定专家必须在书画方面具有深厚

的专业造诣,绝不能说外行话。因此,这可能是红学会专家与书画鉴定组专家对《画册》的鉴定结论不尽相同的原因所在。

为此,有研究者指出:在目前仍没有"公认的曹雪芹书画作品标准件"以资对比的"个人风格"情况下,对《画册》的真伪判定,"尚不能解决中国书画鉴定组的疑问",还有许多题款题跋方面"不合常理"的疑点等[4]。总之,在实质性证据的情况下,把《画册》鉴定为"曹雪芹唯一存世的画册"[5]可能为时过早。

四、从书画艺术技艺方面对《种芹人曹霑画册》真伪问题的几点看法

笔者作为一位长期的书画爱好者,仅就胡德平先生提出的"七项倾向性意见"中一些观点,特别是第七点结论,即《种芹人曹霑画册》第六幅画《甜瓜图》(图1)题诗是"种芹人曹霑'并题'"的相关"论断",与诸多专家学者商榷。

首先,从《画册》第六幅题诗和绘画内容看,可能是甜瓜或者西瓜。所题七绝诗是:"冷雨寒烟卧碧尘,秋田蔓底摘来新。披图空羡东门味,渴死许多烦热人。"甜瓜的绘画风格受明清文人画影响较大,但与明清书画大家徐渭的西瓜(图2)、朱耷的南瓜(图3)、边寿民的白瓜(图4)相比较。该《画册》第六幅甜瓜的笔墨明显单调,造型不够准确,笔墨变化单调,气韵格调不高。

其次,从《画册》第六幅题诗和绘画的三

图1

图2 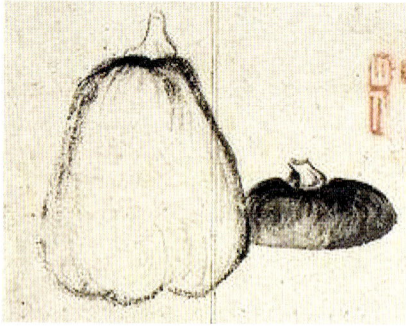　　　　　图3 　　　　　图4

图5　　　　　　　　　　　　　图6　　　　　图7

图8

图9

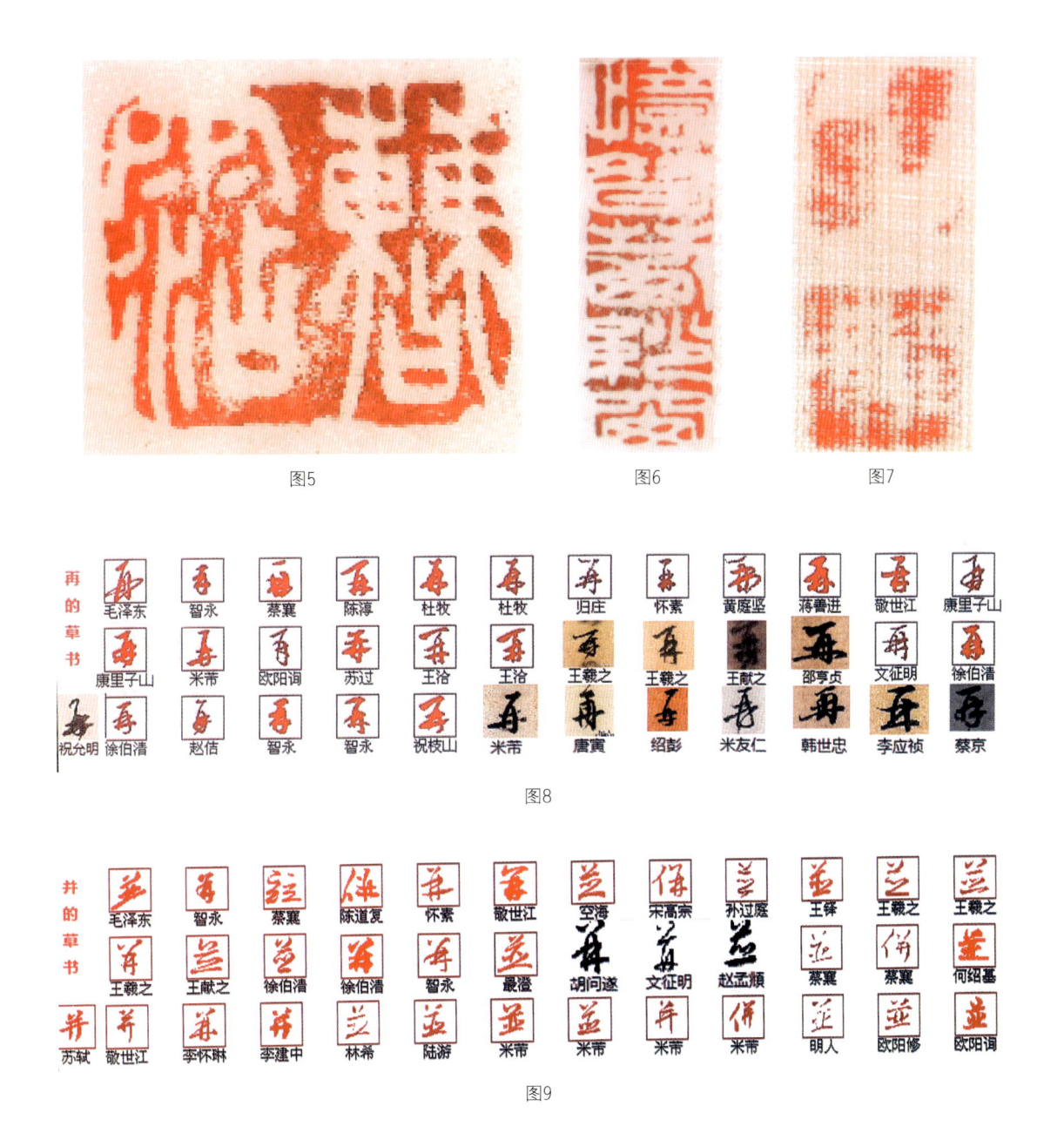

枚印章看，属汉印阴文刻。题诗明显为二王行书风格，书法水平一般，有印章两枚，其中姓名章为"曹霑"（图5），压角闲章为"忆西茜纱窗"（图6）。两枚印章都是四面破残留白，印文有汉隶笔意，与上面十余枚印章（四面包围，印文为金文大篆体）明显不同，但与第六幅绘画中一枚印章"□周"（图7）风格统一，值得进一步研究。三枚印章总体水平不高，甚至是比较粗糙，似乎与一代文豪曹雪芹的诗书画修养明显不符，不排除是后人伪刻并加盖的可能。

最后是关于《画册》第六幅题诗是"种芹人曹霑""再"题，还是"并"题的问题。图8、图9分别是"再"与"并"草书写法。通过对比可以看出，"再"字草书的起笔、收笔与"并"字草书写法明显不同。第一，"再"字草书的起笔是"短横"，一般是侧锋入笔，与上字有呼应之意;"并"字草书的起笔是连绵"两点",左右相互呼应,右点连带下面的"竖画"。第二,"再"字草书的收笔是"长横",与下字有呼应之意;"并"字草书的收笔是"长竖",与下字有呼应之意。第三,《画册》中 再 字,也是"短横"起笔、"长横"收笔,与 再 相呼应,只不过中间省略了一个"短横",但仍保持了"再"字草书写法的基本造型,且不影响识读,这是符合草书创作"以简代繁"原则的。由此可见,《种芹人曹霑画册》第六幅题诗应该"再题"而非"并题"了。

综上所述,把该《画册》鉴定为"唯一真品"还缺乏确定的有力证据,如果标题为"曹雪芹唯一存世的画册"的结论仅仅是一个新闻噱头,将来可能贻笑大方。

注释:

[1] 杨仁恺:《中国古代书画鉴定笔记》,辽宁人民出版社,2015年,第3390—3391页。
[2] 此处"曹氏"指曹雪芹。
[3] 胡德平:《关于〈种芹人曹霑画册〉的几点思考》,《曹雪芹研究》2016年第4期。
[4] 王伟波:《启功先生对"雪芹校字"的鉴定》,《文汇报》,2016年11月25日版。
[5] 黄一农:《曹雪芹唯一存世的画册再现》,《文汇学人》,2016年9月2日版。

徐州博物馆藏汉画像石多重价值研究

武云鹏 彭茹

（徐州博物馆 徐州市文物考古研究所 徐州汉画像石艺术馆）

摘要：汉画像石是汉代文化的重要载体，也是中国传统艺术中一颗璀璨的明珠。它具有较高的历史、艺术和科学研究价值，在中国艺术史上占有重要的地位。它始于西汉早期，盛行于东汉晚期至魏晋时期，直到隋唐时期才逐渐衰落。本文以徐州博物馆藏汉画像石为例，谈一谈汉画像石所具有的独特价值。

关键词：汉画像石；主题类别；多重价值

徐州又称彭城，是汉代开国皇帝刘邦的家乡，也是"汉地九州"之一。徐州地处苏鲁豫皖交界地带，东依泰山，西望黄河，北枕黄河故道和淮河故道，南濒微山湖，是两汉文化的发源地之一。徐州地下文物资源丰富，出土了众多题材广泛、内容丰富的汉画像石，与汉代墓葬、汉兵马俑并称为"汉代三绝"，又与南京六朝石刻、苏州明园林并称为"江苏三宝"。汉画像石作为中华民族的文化瑰宝，是中国古典艺术发展的高峰，在中国艺术史上是有承前启后的重要地位，对汉代以后的艺术产生了深远的影响。理清其价值内涵，对于汉画像石的研究和利用具有重要意义。

一、汉画像石简述

汉画像石产生于西汉，流行于东汉，是当时的人们在地下墓室和地上祠堂雕刻的一种壁画，也是一种建筑构件，其内容多样，包括神怪故事、典故历史、风土人情等。汉画像石是汉代社会生活的一种形象记录，其刻画的人物，一般都是当时社会中的重要人物，既有王公贵族、王侯将相、方相士、诸生、骑士、伎乐之人等，也有商人、工匠等。汉代画像石的内容，多为他们日常生活中的所见和经历，也有他们对仙人生活的浪漫想象。这些画像以其生动逼真的形象再现了汉代社会生活中的各个方面。汉画像石是汉代艺术的重要组成部分，是一种特殊的艺术形式，为此后的中国美术发展筑牢了根基，不论在古代还是现代，都是我们国家文化艺术中的传世瑰宝，被誉为"敦煌前的敦煌"。徐州博物馆藏汉画像石内容极具特色，具有很高的艺术价值和研究价值，再现了一个大气磅礴的动人时代。

二、汉画像石内容丰富

中华上下五千年，纵横东西八万里，汉画绝对算得上是中国传统艺术中的元老。作为其主要表现形式之一的"画像石"，是一种混合式、多元化的造型艺术，以建筑为基础，通过雕刻的方法，来表现众多大气磅礴、气象万千的图画。数量上而言，现存于世的汉画像石繁多；研究类型上来看，汉画像石所涉及的领域十分广泛，诸如图像学、考古学、金石学、艺术学等。要想对汉画像石进行深入彻底的研究和分析，则时常需要跨学科、跨领域、跨地区的古今对话。这些汉画像石将繁杂琐碎的生活场景上升到艺术的高度，就好比一部部波澜壮阔的史书和一本本包罗万象的百科全书。它们不仅反映了当时的社会风貌、经济状况，还为我们构建了一个神奇的神话世界，给这个独特的艺术形式刻上时代的标志，同时也为中国传统艺术延续了宝贵的血脉。

（一）社会生活

社会生活是汉画像石中最常见的题材。它主要表现了墓主人生前的生活场景，反映了当时社会的风俗习惯。其内容包罗万象，有男耕女织、车马出行、迎宾宴饮、婚丧嫁娶等。

图1的汉画像石出土于江苏省徐州市铜山区青山泉镇。为凤凰山一号墓的后室画像，画面全长近8米，又被称为"八米长卷"。"缉盗荣归图"表现了一段完整的审讯、押解犯人和迎接官兵的故事，在构图上以两棵大树划分，表示从一个场景转换到另一个场景。最右边是第一部分，刻画一位官吏将棍棒高高举起，旁边有一囚犯双膝跪地，并有刑具摆在旁边。"U形和长条形的刑具称为钳铁"，使用方法是束在犯人的颈部限制自由，因此汉代囚徒又称为"钳徒"[1]。中间第二部分刻画的是一名骑在马上的士兵挑旗扬节，与其他骑马乘车人员一同押解囚徒的场景。画面中有六辆马车、七名骑吏、一步卒、一马、四名身穿囚衣的囚徒，有三个人的脖颈被钳械束缚，一人反绑双手。左侧第三部分雕刻的是一位执盾的亭长来到村口迎候押解着众多囚犯的队伍，村内许多人正在打水、生火、切肉、做饭，准备款待押送囚徒的官兵。接待过往境内官兵是亭长的职责，亭内有游徼、求盗（负责巡查、逐捕盗贼）[2]等活动。这幅画像真实地表现了墓主人最值得炫耀的世间经历，反映了汉代社会缉捕盗贼的情景。这种叙事性的生活图景在汉画像石中非常少见。

（二）历史故事

汉代，匠人依据史书典籍、历史传说，将经典故事创作于石刻画像之中，以图说史，用以宣传儒家思想。汉画像石中以历史故事为主题的画面也比较多，常见的有孔子问道、周公

图1　缉盗荣归图（徐州博物馆藏）

辅成王、二桃杀三士、完璧归赵、泗水捞鼎等。这些画面常出现在祠堂、墓室画像中，意在体现墓主人的"仁""义""礼""忠""孝"等道德理想，亦是希望后人礼拜圣贤，钦佩英杰，有"恶以戒世，善以示后"的意义。

图2的汉画像石是1999年在江苏省徐州市邳州占城发现的一座祠堂的山墙，画面由上而下分为五层，其中第二层刻历史故事，故事内容为二桃杀三士，每个人物旁边均刻有榜题。这则典故出自《晏子春秋·内篇谏下》。根据原文所述，春秋时代齐景公帐下有三员大将：公孙接、田开疆、古冶子，他们战功彪炳，晏子担心长此以往会生祸患，于是希望齐景公尽早消除隐患。晏子为此布局：让齐景公请来三位勇士，要赏赐他们三位两颗珍贵的桃子。三个人无法平分两颗桃子，晏子便提出协调办法——三人比功劳，功劳大的就可以取一颗桃。公孙接与田开疆都先报出他们自己的功绩，分别各拿了一个桃子。这时，古冶子认为自己功劳更大，气得拔剑指责二者；而公孙接与田开疆听到古冶子报出自己的功劳之后，自叹不如，羞愧之余便将桃子让出并自尽。古冶子对先前羞辱别人吹捧自己以及让别人为自己牺牲的丑态感到羞耻，因此也拔剑自刎。这是表现忠义思想的典型故事[3]。故事刻在祠堂画像中，是希

图2 历史故事（徐州博物馆藏）

望后人学习三位勇士的仁义之德，做仁义之人。

（三）战事记录

《左传》曰："国之大事，在祀与戎。"将兵戎列至国家的重大事情，反映出战争对社会生活的重要影响。

在中国古代，北方边地及西域各民族人民，曾被称为胡人。汉代主要把匈奴人称作胡人。

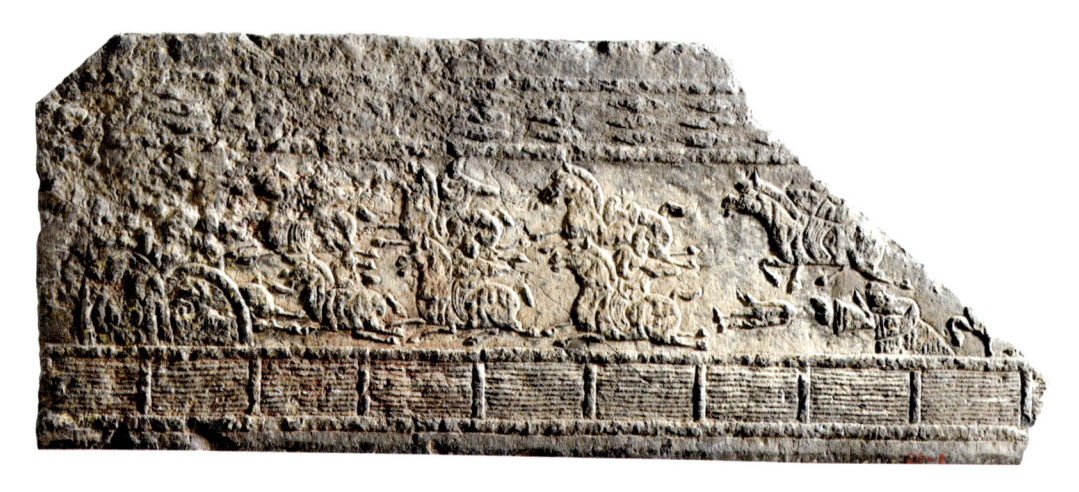

图3　胡汉战争图（徐州博物馆藏）

在汉代，匈奴是盘踞北方边疆的游牧民族。从西汉建立开始，汉朝和匈奴的战争不断贯穿百年。反映胡汉战争这段历史的汉画像石中，图像内容多表现如胡汉征战、押送胡俘、汉兵进攻等。

图3的汉画像石是2001年征集藏品，现陈列于徐州汉画像石艺术馆南馆三楼展厅。这块画像石左、右两端残缺，使用浅浮雕技法。画面表现汉兵乘胜追击的场景，左边刻山峦起伏，一骑已窜入山中只露马的后腿，中间刻七骑作仓皇逃窜状，马上深目高鼻、头戴尖帽的胡人边逃边转身拉弓射箭。右边一胡人已从马上栽下，一位汉人头戴冠帻手持尖刀割下胡人头颅。边饰菱形纹、栏杆[4]。

（四）神话故事

对于充满神奇幻想的神话故事题材，汉代匠人以现实为基础，加以丰富的想象力，创作出诸多具有浪漫主义精神的艺术形象和题材内容，如伏羲女娲、牛郎织女、周穆王、西王母、东王公、三足鸟、九头兽等。众多神灵和神话故事刻于墓室中，反映了人们事死如事生、企盼祥瑞的思想。

图4的汉画像石出土于江苏省徐州市睢宁县张圩村。画面分为上下两层，上层中间部分刻画一对高耸入云的双阙，阙门内有一房屋，室内有二人坐在榻上，外有男女侍者。左刻凤鸟交颈，右刻一凤凰。画面上方还刻有牛郎、织女星座，星座下有一戴胜的大鸟，这只大鸟就是史书上记载的"织衽鸟"。

三、汉画像石具有多重价值

汉画像石在中国传统艺术中有着独特地位的原因是它能够让各种形式的艺术和谐共生，不仅在内容上具有包容性，结构上的兼容能力也十分的强大。各部分的艺术模块既独立存在，又相互扶持，整体表现上合理统一。刘邦统一天下，建立稳定的西汉王朝，其中一些汉画像石因此也就打上了深深的时代烙印。对于顺应时代步伐而生的汉画像石来说，总会在某种程度或者一定的角度上反映出当时的社会变迁和生产力变化。从不同侧面表现出汉画像石返璞归真的独特魅力。除此之外，因为艺术的超强包容性，汉画像石在发展中不断地吸取了当时的社会资料和时代信息，在内容上是与时俱进的，书法、绘画、雕塑、宫廷音乐等其他艺术都对汉画像石的演变起着一定的作用。通过对其他传统艺术的借鉴和学习，汉画像石的传承和发扬也就顺势而成了。

对于中国式传统艺术思维集中表现的汉画像石而言，它们不仅是汉代社会的典型性遗存文物，在当今社会同样有着重要的历史价值和研究价值。一方面，它们记录并再现了当时的社会风貌；另一方面，利用今天的科研技术，可以结合其他材料来还原墓葬主人的生平往事和思想观念。以此为基础，再和其他资料综合分析、对比，既可以作为丧葬文化的研究成果，又能作为建筑艺术、雕刻艺术、画像艺术的珍贵资料，在历史研究、艺术研究和民俗研究方面都具有重要价值[5]。再一方面，汉画像石的审美价值也不容忽视。在对汉画像石进行研究和分析时，其本身作为画的审美价值我们是可以直观感受到的。汉画像石的形成标志着我国绘画艺术进入一个成熟的阶段，不同于以往的还未形成体系和内涵不足的时期，汉画像石可以说是我国传统艺术史上的一个里程碑。汉画像石凝结了华夏民族的辛勤劳动，多方面地体现了中华儿女的智慧结晶。汉画像石作为中国传统艺术的瑰宝，不仅将中国的传统思维展现得淋漓尽致，更重要的是这样一份有着两千多年寿命的艺术瑰宝，给我们带来了无限的视觉享受和艺术冲击。

汉代的画像石在中国美术史甚至世界美术史上都是独一无二的，它在时间上要早于敦煌艺术，甚至在艺术价值上也丝毫不逊色于敦煌艺术。众多汉画神奇的想象、精妙的结构，以及严谨的造型都流露出一份狂野美和野性美，释放出一种难以描述的强烈冲击，这是民族意识和精神力量的高度集中和体现[6]。最后还有一点值得一提，那就是汉画的经济价值。作为一件艺术品，要说到其经济价值，首先会想到就是它的收藏价值，二者有着紧密的联系。无论是以哪种形式或者载体所展现的汉画艺术，

图4　牛郎织女相会图（徐州博物馆藏）

其收藏价值都是十分可观的,这不是汉画简单地作为艺术品的缘故,而是源于其背后蕴含的内在价值。近些年来,随着社会经济的不断向前发展,学术研究的不断深入探讨,以及社会各方媒体的广泛关注,汉画越来越多地出现在人们的视野之中,并因为其自身巨大的价值而为人们逐渐接受,许多研究者都对这一个丰富资源的领域产生了很强的好奇心,陆陆续续地加入研究汉画的行列中来,既满足了其自我爱好,又取得了经济效益,可谓是一举两得。

注释:

[1] 黎梦茹,黄如民:《数字媒体艺术在徐州汉画像石展示上的应用——以"缉盗荣归图"数字艺术化展示为例》,《文化创新比较研究》2022年第6期。
[2] 徐州汉画像石艺术馆:《徐州汉画像石》,江苏凤凰美术出版社,2019年,第22—23页。
[3] 李兰:《汉画像石中的道德劝诫》,《书画世界》2021年第12期。
[4] 朱浒:《汉画像胡汉战争图的叙事性研究》,《南京艺术学院学报(美术与设计版)》2013年第3期。
[5] 彭聪:《浅析汉代画像石的艺术风格及审美价值》,《美术教育研究》2015年第6期。
[6] 李春山:《关于汉画像石艺术价值的思考》,《艺术品鉴》2017年第8期。

自贡盐商杨乐三及其社会交往浅析
——以自贡市盐业历史博物馆馆藏书画为基础

李 敏

（自贡市盐业历史博物馆）

内容摘要：自贡市盐业历史博物馆所藏书画中，有13件（套）书画内容及其款署与"乐三"相关。乐三，为自贡盐商杨乐三。文史资料对杨乐三的记载并不多，但书画却为我们提供了独特的研究视角，鲜活了杨乐三的生平。杨乐三喜爱文墨，交际广泛，其朋友中不乏商人、政要、文化名人、书画名家等。杨乐三个人生平也能折射和展现盐商群体的社会文化生活。

关键词：杨乐三；社会交往；盐业历史博物馆；馆藏书画

自贡市盐业历史博物馆所藏书画中，有13件（套）书画内容及其款署与"乐三"相关。"乐三"为何人？所述资料无多。但这13件(套)书画内容及其款署是艺术社会学写作及地方人物研究的珍贵资料，能让我们以独特的书画视角，窥知杨乐三其人及其社会交往。

一、杨乐三其人

杨乐三，名诗屏，字夫甲，号乐三，生于咸丰辛亥年（1851）八月二十八日。有关杨乐三的生平，所述无多，但现馆藏"贺杨乐三先生五旬寿楷书屏"（图1、图2、图3）"贺杨乐三先生七秩寿楷书屏"（图4、图5、图6），可谓"述其家世甚悉"，其相关内容如下。

"诰授奉政大夫乐三司马大人五旬寿颂并

序：……乐三兄先世本以赀雄于里，世以急公好义著称，而家遽以中落。逮先从伯讳光宗公，顾犹乐善，若耆欲闾里不聊赖者，时周之金粟，至解衣以赠，不厌不倦。德配沈宜人，亦以贤闻于族郡，有丈夫子四女二，君其季也。

壬子，光宗公悲人间，世兄甫数龄。沈宜人躬率诸子举哀礼，井如秩如，葬祭一酌，夫古当是。时孑然茕苦，家徒四壁，立而蓄虞，浅夫又时以白眼揶揄之，若将概以终身。沈宜人于是愤然自励，躬杵臼，勤纺绩，驻苦停辛，卒抚呱呱子至于繁硕，不坠厥宗。先是兄拟就外，传苦无赀。先大父闻之，慨然曰：是余责也。遂招至家塾，伴诸叔读，更时恤其家，不使兄纷于内。顾而兄亦厚自苛责，矗昏无停。暑越数年，兄家益形拮据，先大父迺谕兄弃儒业佣于亲属王公。

当是时，兄年十三。每忆平居为人侵侮，

辄自忠勤奋发，不敢稍负居停。所托久之，王公益悉兄才，遇以兄远驻綦岸为朝廷襄办醝课，岁得真数百金，悉以奉母，恣其所用。王氏例三载准假一月归省，归则兄必依依膝下，先意承志，晨昏无缺，礼常兢兢，以限满远，背慈帏为虑。乙酉，沈宜人弃养，兄闻兼程奔丧，哀毁骨立，几至不能成礼。尝谓人曰，乌私未报而母竟已逝也，每一念及至，怆然泣下乃止。

同母兄聘三君，素谨愿拙于谋生，兄则居同室、食同席，必亲必敬，恐恐然有拂乃兄意。

图1 贺杨乐三先生五旬寿楷书屏

下逮犹子以养以教,俾克有成,匪第弗存畛域也。是年,聘三兄即世遗子一,嫂氏零丁孤苦,拟以身殉兄,数以顺变抚孤,勉存伯氏血食相谕劝,而丧葬所需则直以身任,且孤嫠奉养,一与己埒。已而,嫂氏不禄,踰年聘三子书煜

亦殇,则曰岂可使伯氏有馁而之叹,卒以所爱孙分祧书煜。其明于大义,大率类是。

近,兄家颇称小有,而犹持身俭约如囊,时其素性然也。……"

"乐三先生七秩寿言:……先生龆龀失怙,

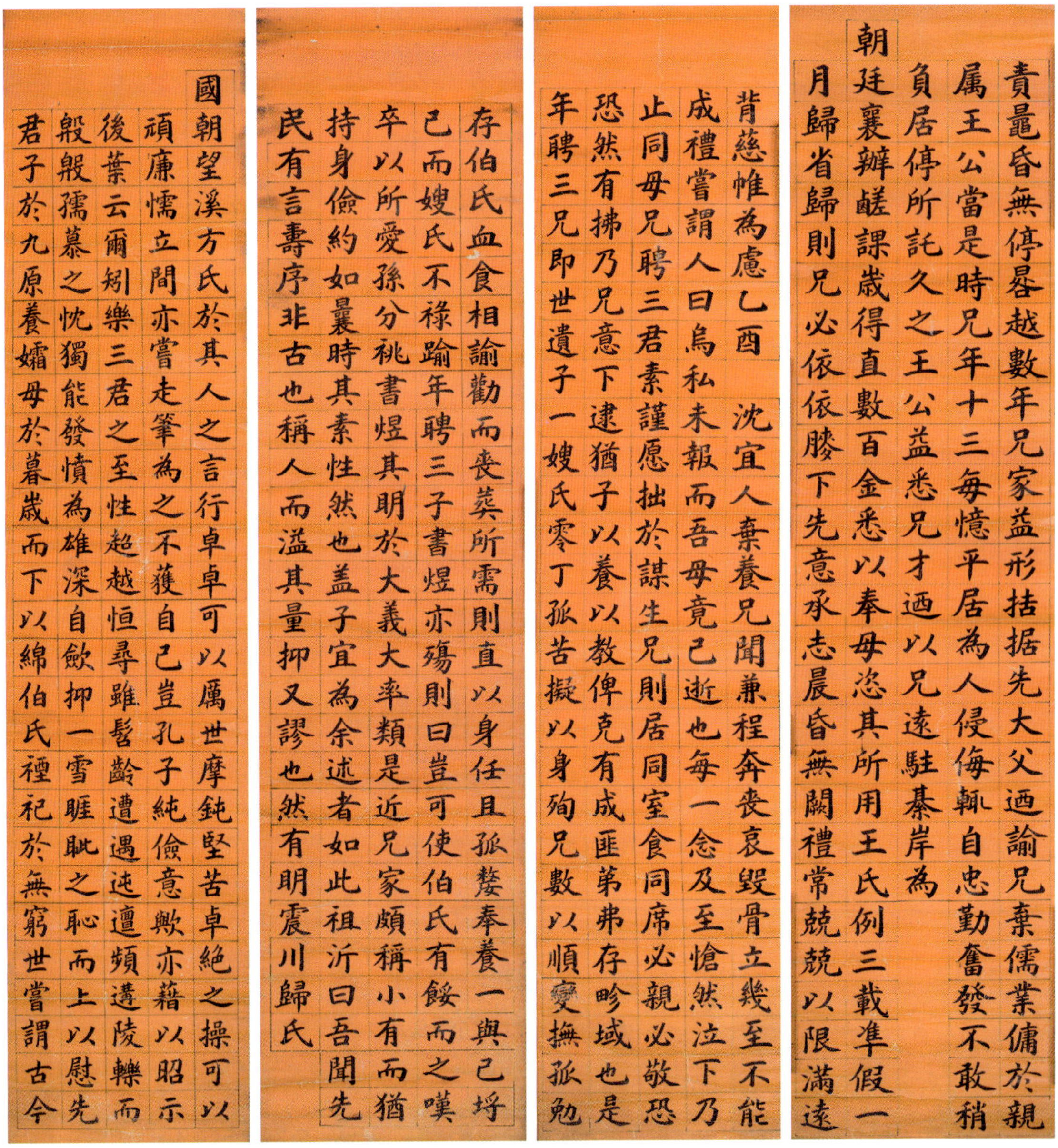

图2 贺杨乐三先生五旬寿楷书屏

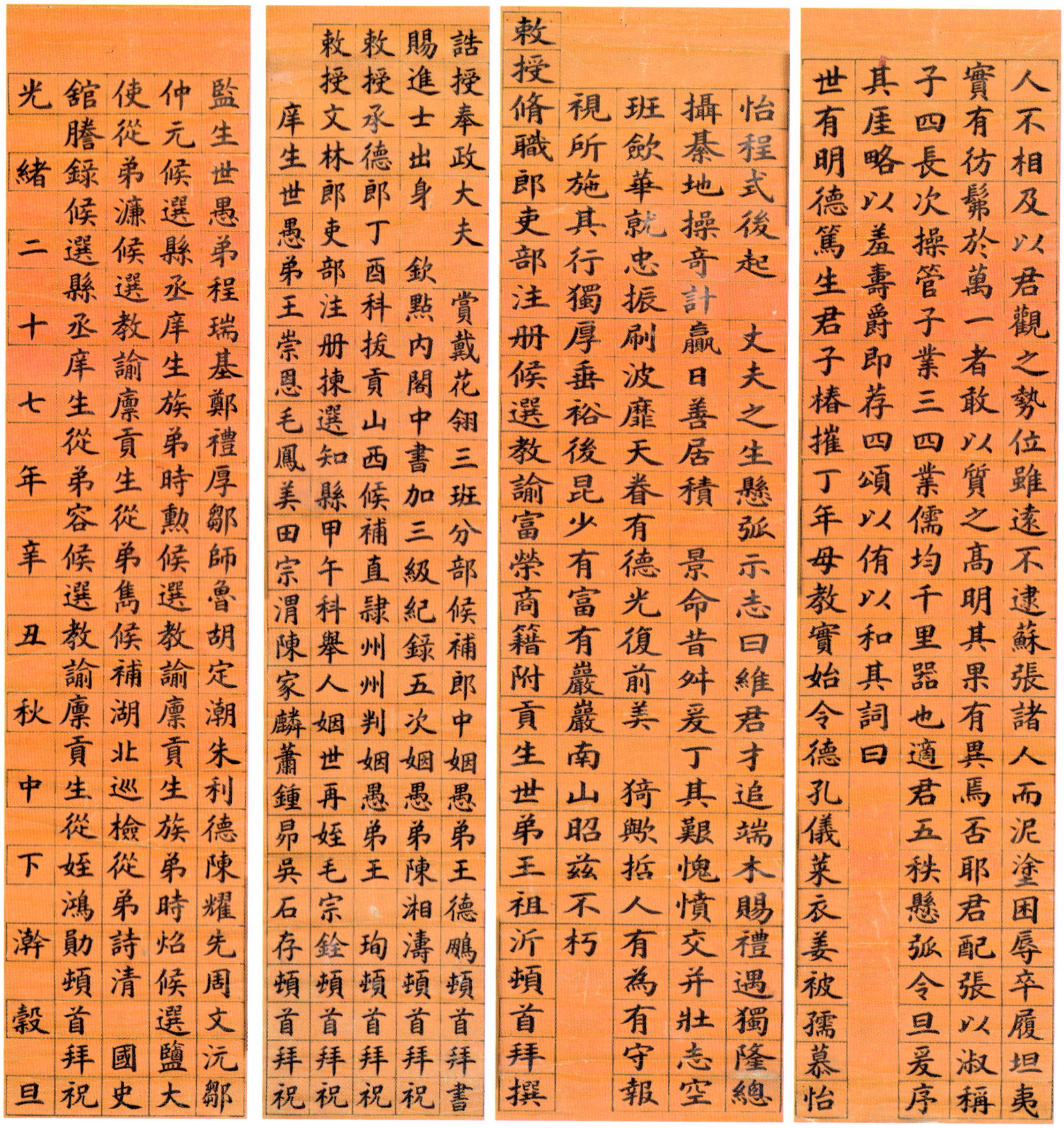

图3 贺杨乐三先生五旬寿楷书屏

遭家中落,侍太宜人篝灯课读,备极勤劳。行年十三,卒以生计艰窘迫弃儒业,贾傭于亲属王君家,所得佣直悉数奉母,毋稍私蓄,每值例假归省,辄依依膝下,服劳奉养,不忍远离,无何太宜人弃养,先生匍匐终礼,哀毁骨立,每独居深念,怆怀泣下。尝以未遂乌私为憾,其孝于亲也如此。

先生于同母兄聘三君生则备极友爱,殁为抚其遗孤,丧葬所需概以身任,且于孀嫂犹子之相继夭殁,不忍使伯氏无后,复以爱孙分挑绵其嗣续,以养以教,俾至于成人,其笃于骨肉如此。

先生与德配张宜人伉俪缉笃,生子八女一,提携、保抱、教养,兼施家政,相助为理,毫

图4 贺杨乐三先生七秩寿楷书屏

无间言。甲辰,宜人不禄,后续配何,复生子女各一,于诸子无长幼,慈爱如一,时谆谆耳提面命,责以义方,掉克丕振家声,益光前业。无几微疾言遽色之相加,诸子亦自望而生畏,不敢稍违,其贤于教子又如此。

先生自十三岁即佣于亲属王君家,迄今始以老告休,中间曾驻蓥岸裏办醝课,备著才能于王君,事无巨细咸为躬亲,勤慎厥职,历五十七年如一日。军兴以后,厂地迭遭兵燹,居民迁徙一空,先生独留固守,且回,吾事王君数十年,敢畏艰险,重负王君,万一群不逞之徒,乘虚掠夺,席卷所有而去,王君纵不我责,吾心宁能安乎?其忠于所事,又也如此……"

图5 贺杨乐三先生七秩寿楷书屏

杨乐三"先世本江西吉安府太和县……人,……后移居湖南宝庆府邵阳县,……雍正七年冬月起身,又移居四川叙州府富顺县西路"[1]。从杨乐三两组寿颂可推知,杨乐三祖辈凭借财富称雄乡里,急公好义,后家道中落。其父杨光宗亦乐善好施,其母沈氏以贤闻名。根据光绪十七年(1891年)同知职衔杨诗屏父母诰命,其父杨光宗封赠为奉政大夫,其母沈氏、冯氏封赠为宜人。杨乐三有兄弟姐妹六人,其中兄弟四人,姐妹二人,其在兄弟中行四。

杨乐三幼年丧父,孑然穷苦,时遭冷眼。其母沈氏备极勤劳,力抚其子。后祖父招其至家塾,伴叔叔读书,并时补贴其家。杨乐三愈加严格要求,日夜勤勉,但几年后,家境日益拮据。

13岁时,祖父让其弃读而受雇于亲属盐商王和甫。杨乐三忠勤奋发,事无巨细,事必躬亲,恪尽职守,历五十七年如一日,不负王公所托,至老告休。期间,盐商王和甫托其驻綦岸为朝廷襄办鹾课,光绪十七年(1891年)乐三写有《计富荣两厂办筦安筦一切规模列后》[2]。战乱时,厂地迭遭兵燹,居民迁徙一空,先生独留固守。他说"吾事王君数十年,敢畏艰险,重负王君,万一群不逞之徒,乘虚掠夺,席卷所有而去,王君纵不我责,吾心宁能安乎?"

杨乐三每年得雇金数百金,全部用来奉

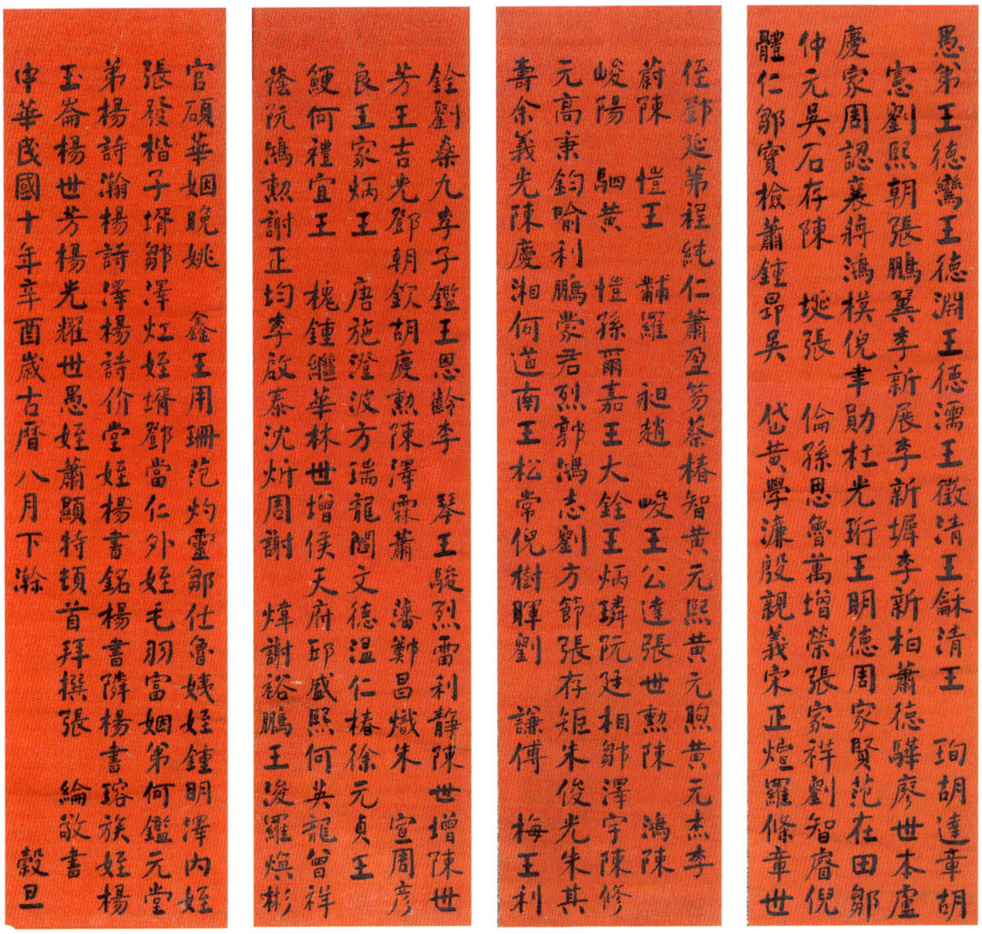

图6 贺杨乐三先生七秩寿楷书屏

养母亲。乐三每三年有一月归省假，归则依依膝下，服劳奉养，晨昏无缺，不忍远离。光绪十一年（1885年），其母去世，杨乐三悲痛欲绝，形销骨立。尝谓人曰"乌私未报而母竟已逝也"，每一念此便怆然泣下。

杨乐三对兄弟备极友爱，其兄杨聘三不善于谋划自己的生活，杨乐三与聘三居同室、食同席，并尽心教养侄子，使其能够有所成就。杨聘三离世，杨乐三支付丧葬所需，抚其遗孤。一年后，孀嫂、侄子相继离世，乐三不忍兄聘三无后，将爱孙过继，绵其嗣续。

杨乐三与夫人张氏伉俪情深，生八子一女。光绪三十年（1904年）夫人张氏离世。后娶何氏，又生子女各一。杨乐三贤于教子，对诸子不分长幼，慈爱如一，时常告诫谆谆，耳提面命，要求子女行事应该遵守规范、道理，振兴家业家声。杨乐三从不疾言厉色，但诸子对其望而生畏，不敢稍违。

可见，杨乐三孝于亲、笃于骨肉、贤于教子、忠于所事，立身行己，仰不愧而俯不怍。

二、杨乐三的社会交往

杨乐三善交际，广结友人，且喜爱文墨，偏好收藏。从与其相关的书画款署上看，其朋友有从事盐业、钱庄的生意人，有政界要人、

图7 王德鸾祝杨乐三七旬寿楷书对联

图8 胡铁华祝杨乐三七旬大庆楷书对联

文化名人、书画名家等，其中有些人多重身份，如亦商亦政，亦商亦文等。

（一）以书贺寿

杨乐三生于咸丰元年（1851年）八月二十八日，卒于中华民国十二年（1923年）七月十二日。馆藏"贺杨乐三先生五旬寿楷书屏"，贺寿者26人，有的是赐进士出身、举人、拔贡、庠生、监生等，均官职加身，如修职郎、承德郎、文林郎、奉政大夫、候补郎中、内阁中书、山西候补、直隶州州判等。"贺杨乐三先生七秩寿楷书屏"贺寿者达142人。另从现馆藏的4幅贺杨乐三寿联，亦可窥其友人。

1. 1921年王德鸾祝杨乐三七旬寿楷书对联（图7）

王德鸾（1867—1930年）为自贡著名盐商王和甫。在自贡盐场，他除执掌王氏家族的盐业总号"仲兴祥"外，还先后担任"和福公盐岩渡水处"经理、"新区岩盐井有限公司"经理、自流井商会、自贡市商会会长等职。他活跃于盐场、官场、商场之中，斡旋于军阀、官吏、盐商之间，以诚信宽厚著称于盐场，成为雄踞地方德高望重的一代儒商。王和甫曾先后被清廷封赠花翎二品衔、民政部咨议、官直隶补用道、度支部主事、漕仓司行走。杨乐三曾受聘于自贡盐商王和甫。两人均喜好文墨，两家结下了不解之缘。在杨乐三旬寿诞，王和甫赠寿联为贺，对联为"关历深邃规模宏远，精神矍铄福寿绵长"，款首"乐三仁兄先生七旬大庆"，款署"愚弟王德鸾率侄俊敬祝"。

2. 1921年胡铁华祝杨乐三七旬大庆楷书对联（图8）

图9 箫藩祝杨乐三七旬寿楷书对联

图10 李新墀等祝杨乐三八旬寿楷书对联

胡铁华（1881-1951年）名琳章，号宪。民国时期自贡盐业世家胡慎怡堂实际掌权人。胡铁华学识渊广，博涉文史，工书法，喜绘画，是自贡地区解放前著名书法名人，尤善诗词，是近代四川诗坛的名士之一。在杨乐三七旬寿诞，其赠寿联为贺。对联为"河北韬钤寿如松柏，关西经学贵流子孙"，款首"乐三先生七旬大庆"，款署"胡宪顿首拜祝"。

3. 1921年箫藩祝杨乐三七旬寿楷书对联（图9）

萧藩（1890-1948年），字翼之，四川内江人，张大千的童年好友，后来加入盐号及钱庄行业，1939年后张大千在四川的书画展览及销售均有赖箫翼之负责管理。萧藩亦是杨乐三八子杨逸儒好友。在杨乐三七旬寿诞，其赠寿联为贺。对联为"椿树增荣稀龄集庆，桂醑晋祝大耋旋臻"，款首"乐三老伯大人七秩大庆"，款署"世愚晚箫藩拜祝"。

4. 1931年李新墀等祝杨乐三八旬寿楷书对联（图10）

李新墀、李新展、李新柏，自贡盐业家族李陶淑堂掌家人李春霖（约1836-1874年），又名李馨恬之子（共有六子）。李新墀（1874-1944年），字桐荄，行六；李新展（1876-1936年），字敬才，行七；李新柏，字小田，行八。三子中桐荄享受独丰，而小田独俭，敬才独挥霍。故族中有"六好吃，七闹派、八俭省"之说。在杨乐三七旬寿诞，同为盐商家族的李氏兄弟三人赠寿联为贺。对联为"节近重阳介眉有庆，望隆杖国清德流光"，款首"乐三先生八旬开一志庆"，款署"李新墀、李新展、李新柏顿首祝贺"。

图11　王诏牡丹图卷轴　　　　图12　杨培元富贵寿考图卷轴

图13　王珣行书卷轴　　　　图14　朱际盛行书卷轴　　　　图15　张启愚楷书对联

(二) 广结墨缘

一直以来，翰墨为文人雅士之挚爱，代表着清雅的趣味和仕宦身份。杨乐三喜爱文墨，与文人士大夫广结墨缘。

1. 王诏牡丹图卷轴（图11）

王诏，字绍青，又作绍卿，清咸丰同治年间生，四川省自流井人，出身盐业世家，师王子立而青出于蓝。光绪初年，对水墨、彩墨画造诣日深，负有画师盛名。后曾作为宫廷画师，名噪皇都。其数幅花鸟被编入《北平笺谱》。其绘"牡丹图"，以赠杨乐三。右侧款署"乐三二兄大人雅属即正，弟王诏"。钤白文印"王诏之印"。

2. 杨培元富贵寿考图卷轴（图12）

杨培元，字慕皋，善画写意人物，其绘"富贵寿考图"，以赠杨乐三。图中绘寿星、仙童等三人。左上方款署"富贵寿考，时乙酉初秋作此奉，乐三宗翁仁大人指正，慕皋杨培元"。钤白文印"慕皋"，半白半朱印"培元"，朱文收藏者印"德常"[3]。

3. 王珣行书卷轴（图13）

乐三之姻弟王珣，号玉如，清末民国自贡人。敕授承德郎，丁酉（1897年）科拔贡、山西候补、直隶州州判。其书赠内容为"莫笑仙

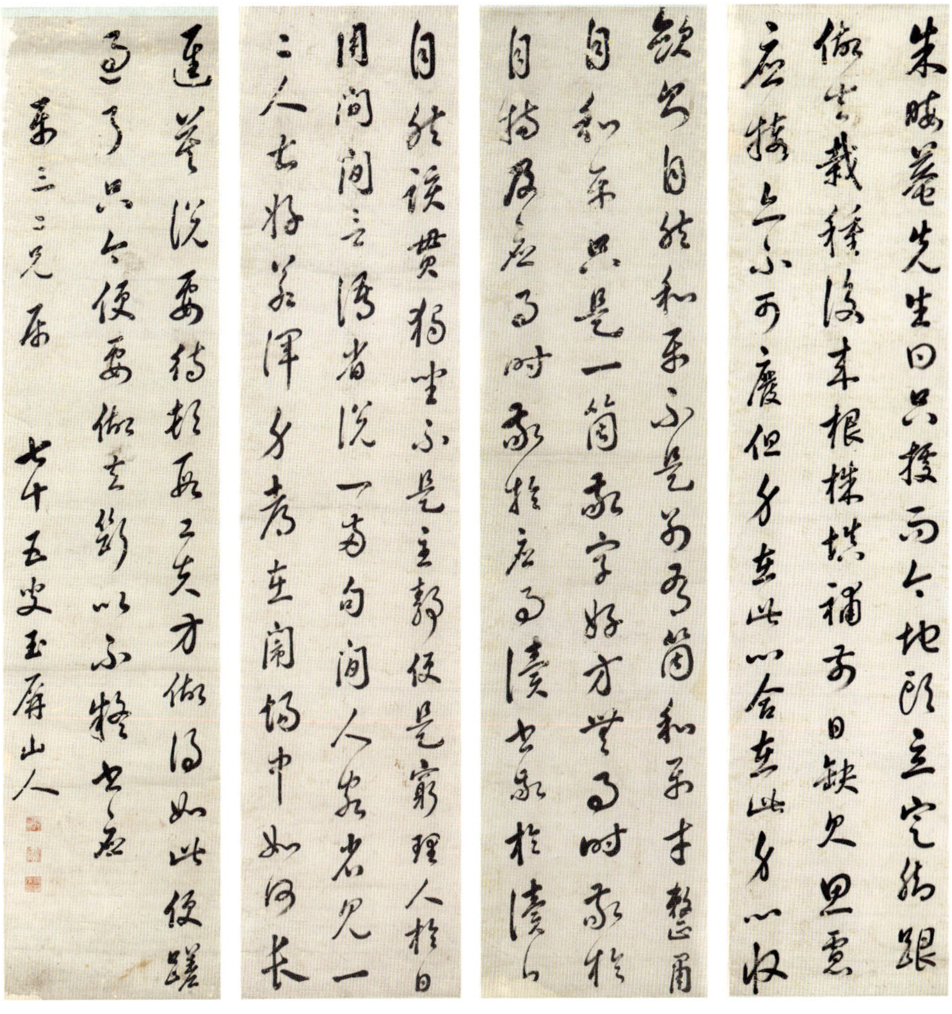

图16　玉屏山人草书卷轴

家有上真,仙家暂谪亦千春。月中桂树高多少,试问西河斫树人"。款署"乐三仁兄大人法正,玉如弟王珣"。钤朱文印"王珣",白文印"臣王珣印"。

4. 朱际盛行书卷轴（图14）

朱际盛,生平不详,其书赠内容为"学书在玩味古人法帖,悉知其用笔之意,乃为有益。右军书《兰亭》,是已退笔"。款署"乐三大兄大人正,月麓朱际盛"。钤白文印"月麓印",收藏者印"杨膚久印"。

5. 张启愚楷书对联（图15）

张启愚,生平不详,其书赠对联为"我书意造本无法,此老胸中常有诗"。款首"乐三仁兄大人属正",款署"弟张启愚,皋如"。钤白文印"张启愚",朱文印"皋如",收藏者印"杨膚久印"。

6. 玉屏山人草书卷轴（图16）

玉屏山人,生平不详,在七十五岁高龄,作书以赠杨乐三。其内容为"朱晦庵先生曰:只据而今地头,立定脚跟做去,栽种后来根株,

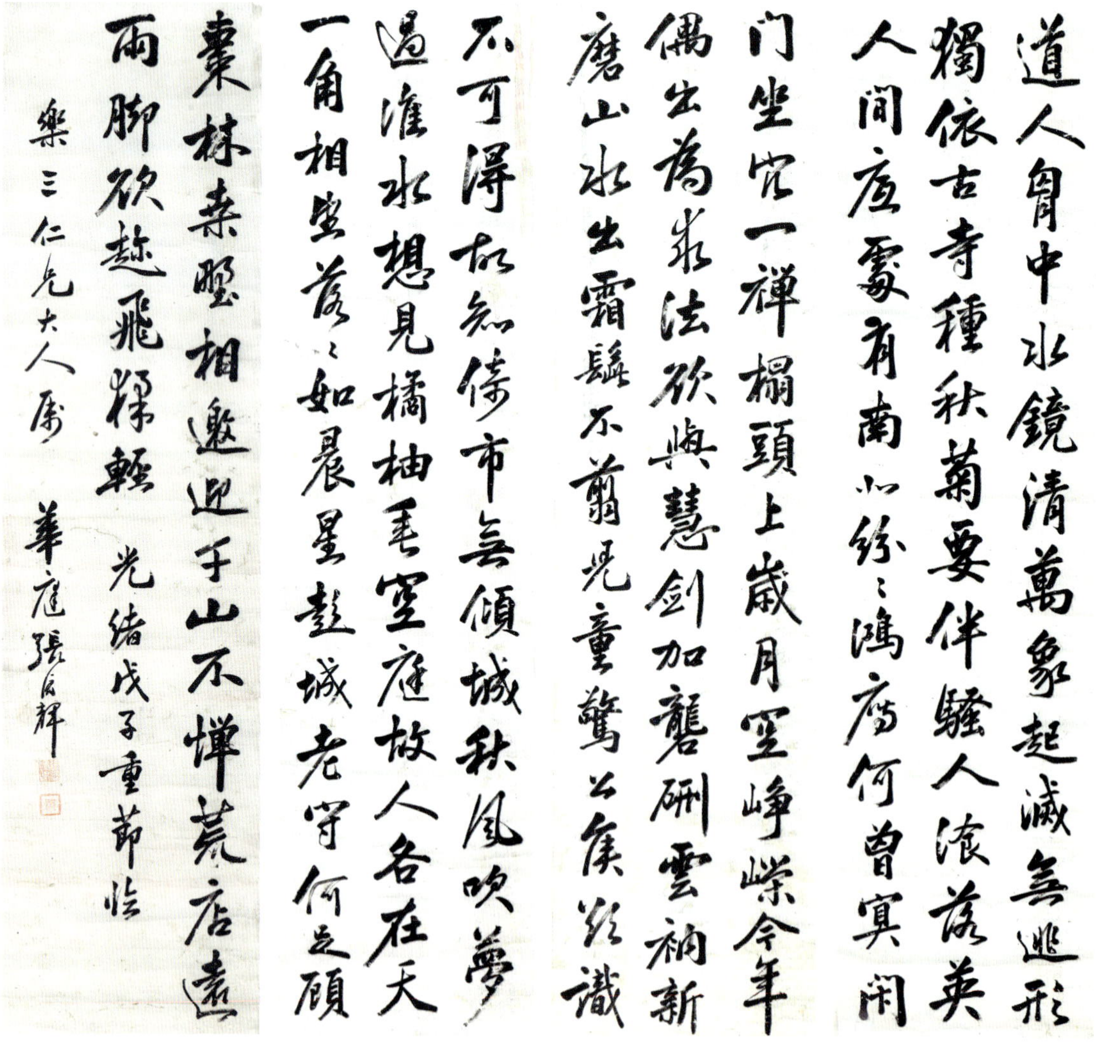

图17　张继辉行书苏轼次韵僧潜见赠诗卷轴

填补前日缺欠。思虑应接亦不可废，但身在此，心合在此。身心收敛，则自然和乐，不是别有个和乐，才整肃自和乐。只是一个敬字好，方无事时敬于自持，及应事时敬于应事，读书敬于读书，自然该贯。独坐不是主静，便是穷理。人于日用间，闲言语省说一两句，闲人客省见一二人亡存，若浑身都在热闹场中，如何长进？莫说要待顿段工夫方做得，如此便磋过了，只今便要做去，断以不疑。"款署"乐三二兄属，七十五叟玉屏山人"。钤白印"□□□□"，朱文印"乐屏"，收藏者印"杨膚久印"。

7. 张继辉行书苏轼次韵僧潜见赠诗卷轴（图17）

张继辉，生平不详，光绪戊子年（1888年）重阳节之际，作书以赠杨乐三。其内容为"道人胸中水镜清，万象起灭无逃形。独依古寺种秋菊，要伴骚人餐落英。人间底处有南北，纷纷鸿雁何曾express。闭门坐穴一禅榻，头上岁月空峥嵘。今年偶出为求法，欲与慧剑加砻硎。云衲新磨山水出，霜髭不剪儿童惊。公侯欲识不可得，故知倚市无倾城。秋风吹梦过淮水，想见橘柚垂空庭。故人各在天一角，相望落落如晨星。彭城老守何足顾，枣林桑野相邀迎。千山不惮荒店远，两脚欲趁飞猱轻"。款署"光绪戊子重节临，乐三仁兄大人雅属，华应张继辉"。钤白文印"张继辉印"，朱文印"华应"。

三、结语

杨乐三作为地方人物，对其记载的资料并不多。但馆藏书画这一艺术社会学写作的珍贵资料，为我们提供了独特的研究视角。一是鲜活了杨乐三的生平。从其寿屏中得知：杨乐三"至性超越恒寻，虽髫龄遭遇迍邅，频迕凌轹，而殷殷孺慕之忱，犹能发愤为雄，深自歛抑，一雪睚眦之耻，而上以慰先君子于九原，养孀母于暮岁，而下以绵伯氏禋祀于无穷，世伯谓古今人不相及"。二是展现了杨乐三丰富的社会交往。杨乐三喜爱文墨，交际广泛，其朋友不乏商人、政要、文化名人、书画名家等。

研究杨乐三的社会交往，一是丰富了对自贡盐商的社会生活的认识。因现有史料，多介绍自贡盐商的发家历程、经营之道，即主要介绍盐商的工作情况。杨乐三在社会交往中，与盐商互赠翰墨，展示了自贡盐商在追逐经济收益之外，还展现了对文人、仕宦身份的认同和追求，是盐商生活的生动剪影。二是丰富了盐都自贡的书画收藏。自贡墨缘浓厚，盐商巨贾大都喜爱文墨，偏好收藏，成就了盐都以杨乐三等盐商为代表的收藏世家，为盐都自贡留下了粲然大备的宝贵财富。其收藏的书画遗珍，已成为不可多得的历史见证、书画瑰宝，对清末民国时期自贡书画的研究具有重要意义。

注释：

[1] 杨光德：《杨氏族谱》，光绪二十八年（1902年）。
[2] 杨乐三：《计富荣两厂办笕安笕一切规模列后》，光绪十七年（1891年）。
[3] 德常：即收藏者杨膚久（1902—1998年），名启伦，字德常，号夫纠、膚九，杨乐三之孙。

汉代衣物结构研究

廖丞淇

（西南民族大学）

摘要：汉代作为古代中国文化发展的高峰期，其文化对后世中华文化影响深远。在汉代璀璨的物质文化中，服装是最具代表性的遗产之一，汉代的服装制度几乎贯穿整个中国的历史，同时其服装结构也对后世影响深远。本论文在前人研究和出土报告基础上，通过考古学的研究方法，以出土陶俑、壁画为研究对象，对照文献进行考证研究，聚焦于汉代服装的具体结构与形制，帮助大众了解汉代服装文化的精巧、优美，并为后人提供研究、制作的思路。

关键词：汉代；服装；曲裾；深衣

一、汉代衣物起源

战国秦时期的衣物在穿着时需要将襟（衽）部拉伸，绕至身后，以腰带固定。这样的设计很可能是因为战国秦代时期尚未发明衣襟上的系带、纽扣，无法将衣襟在侧身胸腰处固定。

当交领类服装仅靠腰带固定且衣襟只能拉至身前时，衣襟会在运动后逐渐滑落，最终失去交领的效果。为了使此类衣物在运动后仍保持交领状态，需要将衣服的大襟做大、延长，在穿着时将其绕至身后。当衣襟绕至身后时，即使衣物因运动而变形，大襟也最多堆积在侧身或后腰处，而不会再向前滑落。这样的服装形态在许多战国及秦代的文物中随处可见，如秦始皇陵兵马俑军士所穿衣物[1]（图1）。

汉代衣物继承了这样的结构并且留下了大量的文字记录。笔者认为这样的缠绕结构便是所谓的"曲裾"。

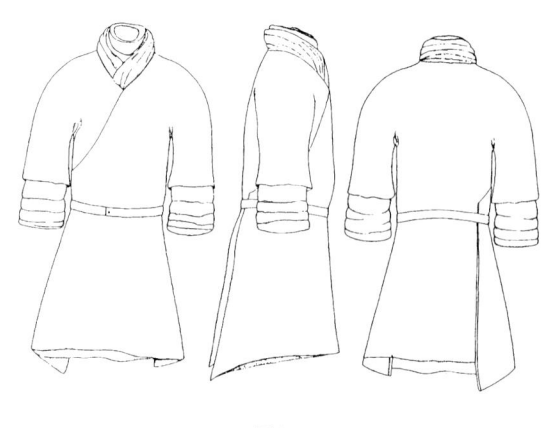

图1

《汉书·江充传》中提到"充衣纱縠单衣，曲裾，后垂交输。如淳曰：'交输割正幅，使一头狭若燕尾，垂之两旁，见于后。'是礼深衣续衽钩边，贾逵谓之衣圭。苏林曰：'交输如今新妇袍上袿，全幅角割，名曰交输裁也。'"[2]我们可以从中提取出几个曲裾特征的关键词："后垂交输""燕尾""续衽钩边""袿"。

结合文字资料，兵马俑衣物的结构，恰恰符合"后垂交输""续衽钩边"的记载，即指两襟交领后缠绕垂于身后,续衽钩边即将大襟向后缠绕。

二、关于袿的研究

"袿"在南北朝时期为妇女装饰性服装,为上等之服,起源于汉代女性的服装。《释名·释衣服》:"妇人上服曰袿,其下垂者,上广下窄,如刀圭也。"[3]

东晋的洛神赋图和北魏的司马金龙墓中的女性形象(图2)[4]中,我们可以发现其前腿处有多个排列组合的三角形装饰结构服装,这个结构便被认为是"袿"。

从汉景帝阳陵出土的塑衣式彩绘舞女俑(图3)[5]可见,大襟由于运动的变化,其下摆会滑落至身前,于身前交叠,下摆端点部分的三角形亦处于身前。当穿着的衣物足够多时,多层下摆端点会在身前交叠,出现多个三角形。这便是南北朝时期"袿"的原形。西汉《方言》:"袿谓之裾。"[6]综上所述大襟下摆端点突出的三角形区域,便是"袿"。

从狮子山楚王墓出土女俑形象中我们可以看见,当外衣足够长时,两襟端点向后方形成尖角状,垂于身后便会形成燕尾的形状。

到了东汉,人们已经不满足于长袍"袿"的美感,在短衣上也开始追求如飘逸修长的袿一般垂于身旁两侧。如果说西汉时期的袿是穿出来的"燕尾"。那么东汉时期的袿则是因审美异化而特意制作的装饰性结构。

两汉之交身着短衣武士形象中,内外襟下垂于侧身如尖角,即穿出来的"袿"。这样的结构在山东梁山县后银山东汉初墓壁画中以一种夸张的姿态呈现出来,确实不失为一种展现风采的装饰。到了东汉中后期,河北逯家庄东汉墓、河北望都县一号汉墓壁画中小吏所着衣物中的袿已然是独立于两襟的装饰性结构。两片延展自下摆的三角形布料飘逸于衣身两侧。至魏晋时期,甘肃高闸沟村魏晋墓中壁画人物形象部分衣物的衣长缩短至腰间,袿的下垂位置自然也被提高至腰间。

湖北凤凰山168号汉墓曾出土一件麻衣,根据工作人员的复原,麻衣的下摆有两个剪刀状延长的三角形结构。但其具体结构如何,是否为装饰结构袿则需要进一步的研究。

图2

图3

三、关于"曲裾"的研究

谈到深衣的形制，便不得不对所谓"曲裾"与"直裾"进行定义和研究。

众所周知，大襟侧边与地面垂直且穿着时大襟处于身前的衣物，可以被认为是直裾结。如西汉杨家湾兵马俑穿着的衣物。但各家关于曲裾的定义仍然存在不同观点。

《马王堆汉墓服装研究》中提到，曲裾与直裾的区别在于裾的外形：曲裾袍服即开襟从领部曲斜绕至腋下，名之为"曲"；直裾袍服即开襟从领部向下垂直。曲裾深衣后片衣襟接长，加长后的衣襟呈三角形[7]。沈从文先生所著《中国古代服装研究》[8]中描述了马王堆汉墓十二件衣物中的九件和无影山彩绘歌伎俑。以上文献均认为曲裾即衣襟向后旋绕而下。

总而言之，沈从文先生与《马王堆汉墓服装研究》一书的观点认为：衣服大襟部分自下摆向领末端收紧，整个大襟呈三角形，这样三角形的大襟即为曲裾，在穿着时衣襟向后多层旋绕而下。

孙机先生所著作《中国古代舆服论丛》一书中认为有一种向后拥掩的曲裾结构的服装便是深衣，并列举了洛阳金村玉佩、河北平山中山王墓出土银首人形灯的形象[9]。在以往的认知中，中山王墓人形灯所着衣物往往被认为是直裾，而这也是孙机先生在关于"曲裾"与"直裾"定义中的不同之处。

在经过系统的研究分析后，笔者认同孙机先生的观点，即不仅仅认为三角形大襟多层缠绕的结构才是曲裾，而应将曲裾的定义扩大为战汉时期所有将衣襟向后缠绕垂于身侧或后身的结构。

由此我们可以给曲裾做出定义，即曲裾结构衣物穿着时，内、外襟交掩并向后延展，绕至身侧或身后，如此缠绕时，领线自领口至大襟端点形成一个曲线，因此被称为曲裾。

为了方便区分与研究，我们将曲裾分为狭义与广义两种：狭义曲裾为沈从文先生的观点之曲裾，即三角形大襟多层缠绕于腰间的结构。如此结构是因大襟省略为三角形，因此我们以下简称为省略襟曲裾结构。外襟完整且穿着时同样需要向后缠绕的曲裾结构下文简称完全襟曲裾。广义的曲裾包括省略襟曲裾和完全襟曲裾结构。

1. 完全襟曲裾的结构

根据各汉代文物，若将外襟领端设为 a 点，外襟下摆端点设为 b 点。我们看出完全襟曲裾出于剪裁方式、穿着形态、运动姿势等种种原因，绕至身后的衣襟呈现出不同的姿态。共分三种：

图4　　图5　　图6　　图7

第一种（图4）：a点在身后，b点在侧身。

第二种（图5、图6）：ab点几近直线垂直于地面置于后身或侧身。

第三种（图7）：a点不作为大襟端点而存在，领部直接连接至下摆形成一条斜线延伸至侧身。

从笔者进行的实验性复原来看，第一种与第二种形态的服装在版型设计与制作上基本相同，均为上下分裁拼接的衣物，下身部分直裁拼接，自腰部连接上半部分。由于上身部分制作时采用斜裁工艺，接领部分扩大产生斜率，因此在上身与下身连接处，斜裁的上身部分会与直裁的下身部分形成一个角，这个角的顶点即为上述的a点。大襟下摆的端点多呈现直角或大角度的锐角。

a点在衣服的穿着过程中会出于各种原因位于不同的位置。当衣物胸宽制作得足够大且穿着者在穿着时将内外襟包裹得足够严实时，a点始终会处于穿着者身后，从而维持衣物穿着时的交领状态。穿着者需要行走活动时，b点会保持于侧身，或直接移位至身前，如美国波士顿艺术馆所藏汉代壁画所示（图8）。

若衣物是短衣且衣服宽大时，由于b点的位置并不会影响人们的行动，第一种情况便不会出现，会出现第二种图5所示的情况——ab点处于同一条位于身后，垂直于地面的直线。

若衣物尺寸较为紧凑，衣物穿着后a点并不能被拉扯至身后，仅能停留在穿着者侧身，即第二种图6情况。

第三种形态的服装在大襟的制作过程采取"取直线"的制作方法。下身的制作不再采取直裁拼接的方式制作一个完整的"下裳"，而是采用斜裁的方式，将大襟下摆端点直接连接领部。这样的结构能够利用最少的布料完成大襟的制作。大襟下摆的端点呈现小角度的锐角。

2. 省略襟曲裾

"楚王好细腰，宫中多饿死。"这句汉代的俗语生动地展现了战国时期楚国的审美情况。省略襟曲裾的穿着方式，恰恰符合这样的审美要求，且在腰间层层缠绕的衣裾也恰好能够勾勒出穿着者的姿态。

战国时期的贵族服装，其衣物长度往往会大于穿着者身高，衣服在穿着时会出现曳地的情况。由于过长衣服则会影响穿着者的行走，

图8

图9

在不更改衣物结构、穿着方式、衣服长度的前提下，为了活动的方便，需要把下摆置于两侧，给脚的活动留出空间，下摆会留出一个"入"字形（图9）。两侧衣摆会由于重量的拉扯，腿部也会因此露出，这对于当时尚不流行穿合裆裤的中国人来说是不雅的。

呈现"入"字形下摆时，大襟位于前身的有效覆盖部分仅是一个三角形。与其堆积多余部分于侧身，不如裁剪之，直接将大襟做成三角形，简化整个结构。省略襟曲裾结构由此而来。

大襟被简化成三角形的省略襟时，其结构已成为纯粹的装饰性结构，也与大部分服装饰结构一样出现了异化，衍生出了多层缠绕的曲裾，从而强调其层层缠绕的美观。

根据长沙马王堆汉墓出土曲裾袍结构可知，曲裾结构演化为省略襟仅限于大襟的变化，内襟的样式仍然是完整襟样式。内襟不改而外襟变化，也可以证明省略襟曲裾结构是一种装饰性结构，若内外襟皆做成曲裾的样子，则会给穿着者带来不必要的麻烦。

省略襟曲裾衣穿着时，大襟自前向身体右后方缠绕，最后从背部绕过左腋下到达胸前，正好环绕人体一周。大襟下摆缘边会从穿着者脚前开始向上螺旋收紧，如长沙仰天湖楚墓出土彩绘俑、洛阳金村韩墓出土玉器的样式。

若大襟面积更大、环绕圈数更多，则大襟下摆缘边向上收紧的位置也会同时向后延展，如湖北云梦西汉墓一六木立俑。

结论

本文系统论述了汉代衣物研究中值得关注的具体结构样式，并从多方面入手分析具体形态以及其形成原因。笔者结合汉代服装壁画、陶俑资料与具体出土实物，对照文献记载，按照逻辑论证，对汉代服装的形制记载、结构变化等进行分析，得出以下结论：汉代继承了战国秦代时衣物外襟向后缠绕，垂于身侧或后身的曲裾结构。笔者同时系统阐述了汉代衣物研究中关于袿和曲裾的具体结构样式，并通过具体实验研究了曲裾结构的具体状态以及省略襟曲裾结构出现的原因。除此之外，合理拓展了曲裾的定义。总而言之，此次研究系统整理了汉代服装结构的实物资料与书面记载，对汉代服装结构的基础研究有积极意义。

注释：

[1] 滕壬生、院文清主编：《战国秦汉服饰图集》，两木出版社，1991年，第64—65页。
[2] 班固：《汉书》，中华书局，1975年，第2167页。
[3] 任继昉：《释名汇校》，齐鲁出版社，2006年，第267页。
[4] 山西省大同市博物馆、山西省文物工作委员会：《山西大同石家寨北魏司马金龙墓》，《文物》1972年第3期。
[5] 汉景帝阳陵博物馆微博：https://www.weibo.com/5348093967/J3ZoUpElY#，2020年5月。
[6] 杨雄著，杜泽逊审定：《宋本方言》，国家图书馆出版社，2017年，第62页。
[7] 王树金：《马王堆汉墓服装研究》，中华书局，2018年，第43页。
[8] 沈从文：《中国古代服装研究》，上海书店出版社，2011年，第173—186页。
[9] 孙机：《中国古代舆服从论》，上海古籍出版社，2013年，第135—137页。

泸州市合江县榕山城遗址调查报告

贾雨田　徐银翎

(合江县博物馆)

摘要：榕山城是南宋泸州和合江抵抗蒙古军队军事攻击的重要堡垒。宋(蒙)元战争期间，榕山城作为泸南防御体系的重要组成部分，发挥了重要作用。通过对榕山城遗址的考察，对当时城墙、城门等基础设施有了大致了解，对其城防体系的基础设施进行了大致还原，认为其作为合江乃至泸州创筑的第一座山城，是宋元战争中四川山城防御体系的组成部分，又是明清动乱时期避乱保民的重要堡垒，具有重要的学术价值与现实价值，是当地不可多得的珍贵历史文化遗产。

关键词：合江县；榕山城；遗址；调查报告

第一章　榕山城概况

一、地理位置与环境

榕山城始建于南宋嘉熙三年（1239年），位于四川省合江县榕山镇的榕山顶上，平面呈不规则状，遗址东西长2500米，南北宽500米，面积约1.25平方千米。现存遗迹主要有城门6座及其两侧城墙、角台、水池、道路等。

合江县位于四川盆地南缘，隶属四川省泸州市，其东面和北面分别与重庆市江津区和永川区接壤；西面和泸州市泸县、纳溪区与江阳区相邻；南面毗邻贵州的赤水市和习水县，此外，合江县位于长江、赤水河与习水河的交汇处，控扼三江，地理位置十分重要。

榕山镇，又称王场，始建于宋代。榕山镇的地理位置十分重要，地处川黔渝结合部，合江县城东北10千米处，长江下游南岸，榕山的北麓，城镇距合江县城9千米，泸渝高速公路在镇内设有互通立交桥，有长江黄金水道12千米，水陆交通便利。榕山镇的地形地貌以浅丘为主，全镇幅员面积88平方千米。

榕山城所在的榕山，地处长江南岸，西距合江县城约12.5千米，北距长江约6千米，是所在区域的制高点，最高处海拔923米，视野开阔，山体四周密布悬崖、峭壁，难以攀援（图1）。

二、相关史实

南宋端平二年（1235年），蒙古窝阔台汗组织军队分三路对南宋展开大规模的进攻，宋蒙（元）战争全面爆发。端平三年（1236年），蒙古元帅阔端突破南宋在四川北部设置的"三关五州"防御线，进入四川腹地后，攻破成都这一政治、经济和文化中心，随后又以成都为中心进行大肆剽掠。四川腹地各府、州皆惊慌失措，丧失抵抗能力。"十二月鞑靼兵入普

图1 榕山城地理位置图

州、顺庆、潼川府，破成都府，掠眉州，一月五十四州俱陷破，独夔州一路及泸、果、合数州仅存。"[1]四川地区危急，四川安抚制置副使彭大雅"令郡县图险保民"，于是，四川各州县普遍开展筑城活动，陈隆之在西川修筑成都城和汉州，彭大雅在东川筑重庆城，并派遣甘闰筑钓鱼城保卫重庆，影响深远。在此情形下，泸州虽然地处川南，未受战争的影响，但是，为了防备蒙古军队抄掠，嘉熙三年至嘉熙四年（1239—1240年），泸州先后建立了合江榕山城、江安三江碛城、合江安乐山城，用来防备蒙古军队的进攻。《宋史·地理志》云："嘉熙三年（1239年），筑合江之榕山。"[2]《读史方舆纪要》载："宋嘉熙三年，兵乱，移县治于榕山；四年，又移县治于安乐山，皆筑城为守。元复还今治。"[3]

榕山城是南宋泸州和合江抵抗蒙古军队军事攻击的重要堡垒。宋（蒙）元战争期间，榕山城作为泸南防御体系的重要组成部分，发挥了重要作用。宋元战争结束后，榕山城被忽必烈下令破坏摧毁[4]。但作为合江县境内地势险要的榕山，一直是当地民众避乱自保之地。清咸丰末年（1861年），太平天国石达开部进入四川剽掠，合江县富户但为椿和儿子但灼轩为求自保在榕山上筑"忠义寨"，对榕山城内的宋代遗存进行重新利用，太平军过合江境内时，忠义寨保全数万民众。同治元年（1862年），太平军石达开部过境合江县时，到榕山忠义寨内躲避者逾万人。榕山城是合江乃至泸州创筑的第一座山城，是宋元战争中四川山城防御体系的组成部分，又是明清动乱时期避乱保民的重要堡垒，今天已经成为当地珍贵的历史文化遗产。

第二章 现存遗迹

据相关文献记载，榕山城有永昌门、大定门、吉安门、安乐门、得胜门、太平门六处城门遗迹和大量城墙遗迹[5]。经实地调查，保存较好的城门有永昌门和得胜门两处，其余四处城门破坏严重，仅残存门道和基址。榕山城现存城墙，主要沿着山腰自然崖壁分布，与陡崖有机结合构成榕山城的城防体系。保存较好的

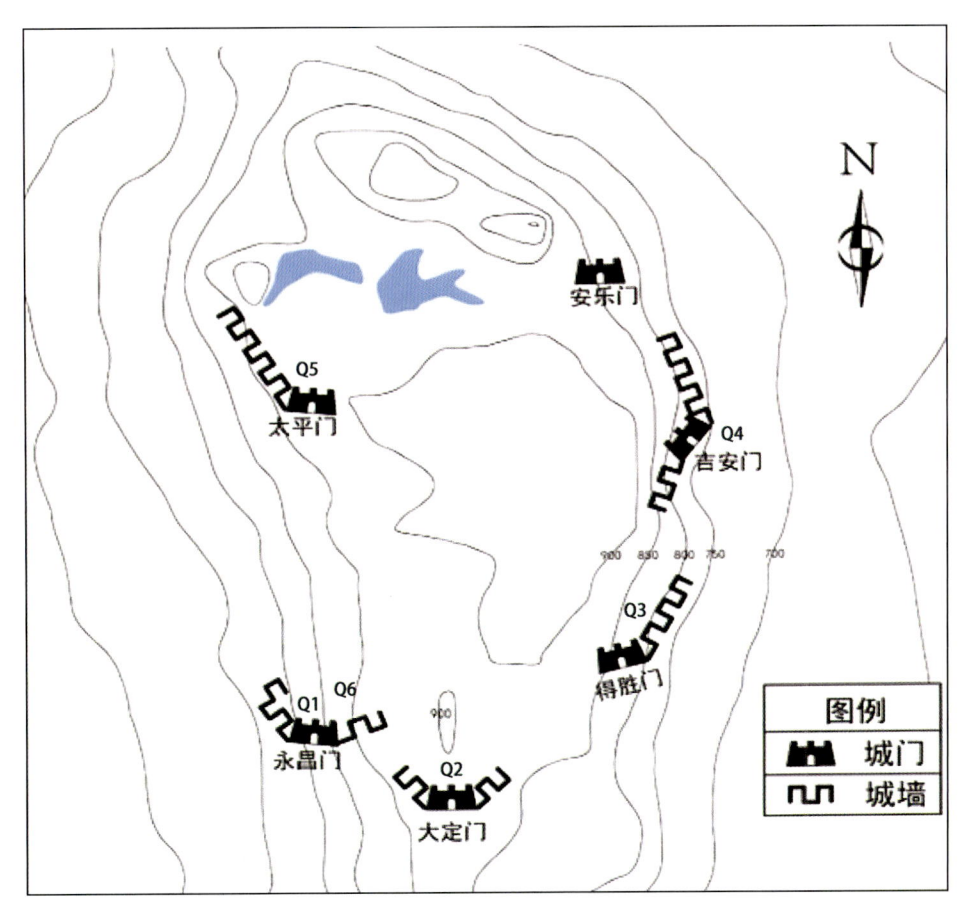

图2 榕山城遗迹分布图

城墙有5段城墙（图2）。此外，在实地调查中，还发现敌台2处，一处位于太平门处，平面呈半圆形，一处位于大定门，平面呈方形。两处敌台保存较好。

除了城门、城墙和敌台等防御设施外，榕山城还保存有丰富的生产生活遗迹，包括摩崖造像、水塘、墓葬、道路等。

一、防御设施

榕山城的城防体系由人工修建的防御设施和陡峭的悬崖绝壁有机结合，其中人工修建的防御设施由城门与城墙组成。榕山城的山城防御设施，主要可见城墙、阻隔墙、城门和敌台等。

1. 城墙

榕山城保存较好的城墙遗迹有6段，分别编号为Q1~Q6(图2)。

（1）Q1永昌门段城墙

此段城墙位于永昌门左右两侧，保存较好，地理位置为北纬28°48′53.35″，东经105°57′28.92″，海拔约741米。左侧城墙沿着山体分布，位于榕山城内，露出地面约2.5~3米，残长约6米，城墙有一定的收分，倾斜度为8~9度，现存城墙高9~11层，城墙砌筑以丁砌为主，夹杂少量的顺砌，城墙石规格比较统一，长约0.32~0.35米，高约0.23~0.29米，石块经过打磨，

图3 永昌门左侧城墙

图4 永昌门右侧城墙

錾刻纹路以稀疏的斜纹为主（图3）。

永昌门右侧城墙靠近悬崖，城墙沿着悬崖分布，城墙在垂直于山体的悬崖处结束，保存较好，露出地面约3米，残长约30米。现存城墙高9层，城墙垂直于地面，砌筑方式为顺砌，多为长方形条石，长约1.07米，高约0.32米，城墙石比较规整且厚重，表面经过打磨，錾刻纹路以细密的斜纹和竖纹为主（图4）。

（2）Q2大定门段城墙

大定门段城墙位于榕山城南侧山麓，地理位置为北纬28°48′54.15″，东经105°57′34.91″，海拔约840米。此段城墙分布在大定门左右两侧，大定门右侧城墙残长15米，露出地面4.5米，现残存城墙高10~13层，城墙有一定的斜度，约为10~15度，城墙的砌筑方式为丁砌，城墙石规格不一，大石长0.4米，高0.3米，中石长0.31米，高0.36米，小城墙石为方形，长和高均为0.28米，城墙石表面经打磨，錾刻纹路大多为斜纹或人字纹（图5）。

大定门左侧城墙露出地面约2.5米，残长6.4米，现残存城墙高8层，此段城墙可分为两段，左段残长3.3米，残存8层。城墙砌筑方法为丁砌，城墙有收分，倾斜度为11~18度，城墙堆砌较为杂乱，城墙石体量不一，大者平面呈长方形，长约0.33~0.38米，高约0.3~0.34米，小者平面呈正方形，长约0.28米。右段城墙残长约3.1米，残存7层，砌筑方式以丁砌为主，有少量顺砌，城墙石体量比较规整，长约0.4~0.42米，高约0.3~0.34米，城墙石表面錾刻纹路以细密的斜纹为主（图6）。

图5 大定门左侧城墙

图6 大定门右侧城墙

（3）Q3 得胜门段城墙

位于得胜门外侧，沿着陡坡分布，城墙内有石板铺就而成的石梯路。现存城墙露出地面6~7层，城墙顺砌而成，城墙石之间无粘合剂，表面经过简单的打磨，錾刻纹路多为竖纹，城墙石形制和吉安门左右城墙石形制相同。

得胜门处城墙沿着等高线逐渐爬升，在坡度平缓的地方，构筑城墙，提高防御能力，在陡坡、悬崖绝壁处则简单设置城墙，巧妙利用险要之地来节省人力物力，增强榕山城的防御能力。

（4）Q4 吉安门段城墙

位于榕山城东侧的吉安门处，此段城墙分布为榕山城城墙之最，保存最好，城墙长度最长。

左侧城墙沿着等高线爬升，相比较而言，左侧城墙靠近道路一侧，保存较差。现存城墙露出地面约5~6层，城墙的堆砌方式为顺砌，未使用粘合剂，城墙石表面经打磨，錾刻纹路多为竖纹和斜线纹，城墙石规格较统一，平面呈长方形，长约0.92米，宽约0.4米，高约0.43米（图7）。

吉安门右侧城墙沿着榕山城的悬崖分布，未经人为破坏，保存较好。现存城墙露出地面8~10层，城墙依靠悬崖而建，砌筑方式大多数为顺砌，间杂丁砌，其中上部城墙为顺砌，下

图8 吉安门左侧城墙

部城墙砌筑方式为丁顺结合，间杂着榫卯结构来增加城墙的稳定性（图8）。

（5）Q5 太平门段城墙

位于榕山城西侧的太平门右侧，保存较好，城墙长度约200~300米，距金鸭潭湖泊约150米。城墙顺着陡坡和悬崖的走向分布，提高了城墙的防御能力。现存城墙6~10层，城墙多顺砌而成，垂直于地面，经过简单打磨，錾刻纹路多为竖纹和斜纹。城墙石体量较大，城墙石规格主要分为大小两种：大者平面呈长方形，长约0.9米，宽0.4米；小者平面呈正方形，长0.4米，宽0.4米。城墙石以大者居多（图9）。

（6）Q6 阻隔墙

形似一字墙，连接到永昌门处，因山体滑

图7 吉安门右侧城墙

图9 太平门段城墙

图10 阻隔墙

图11 墩台

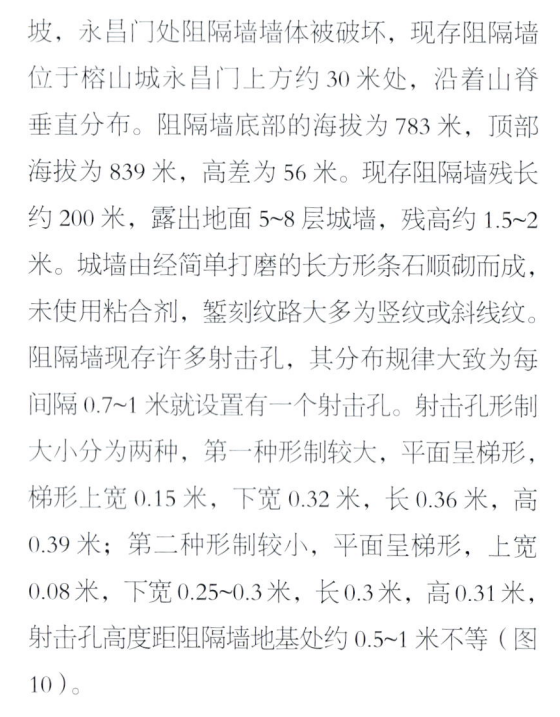

坡，永昌门处阻隔墙墙体被破坏，现存阻隔墙位于榕山城永昌门上方约30米处，沿着山脊垂直分布。阻隔墙底部的海拔为783米，顶部海拔为839米，高差为56米。现存阻隔墙残长约200米，露出地面5~8层城墙，残高约1.5~2米。城墙由经简单打磨的长方形条石顺砌而成，未使用粘合剂，錾刻纹路大多为竖纹或斜线纹。阻隔墙现存许多射击孔，其分布规律大致为每间隔0.7~1米就设置有一个射击孔。射击孔形制大小分为两种，第一种形制较大，平面呈梯形，梯形上宽0.15米，下宽0.32米，长0.36米，高0.39米；第二种形制较小，平面呈梯形，上宽0.08米，下宽0.25~0.3米，长0.3米，高0.31米，射击孔高度距阻隔墙地基处约0.5~1米不等（图10）。

阻隔墙中部有一凸出处，为墩台，地理坐标为北纬28°48′54.46″，东经105°57′30.97″，海拔约793米，朝向149度。城墙凸出处的海拔不一致，分为高低两个平台，低平台长约2.7米，宽约1.67米，高约1.4米；高平台长约2米，宽约2.16米，高约1.6米（图11）。

2. 城门

榕山城可以确认的城门有6座，均遭到一定程度的破坏，永昌门和得胜门是现在保存较好的两座城门，其余城门因各种原因，毁坏严重，已经坍塌，仅见门道或城门基址。

（1）永昌门

永昌门位于榕山城西南侧，阻隔墙下方约30米处，其右侧为悬崖峭壁，左侧为山体，把控着进城的道路。地理坐标为北纬28°48′53.35″，东经105°57′28.92″，海拔约741米。永昌门为清代咸丰年间所建，城门顶部已坍塌，门额掉落，残存门道和两侧城墙，根据门道的形制和左右城墙可以推测出永昌门为平顶城门。现存城门残高2米，门道进深1.5米，宽1.2米。门栓石掉落在城门内，长1.02米，宽0.33米，厚0.2米，门栓石上有一个圆形门栓洞和马蹄形门栓洞，直径0.11米（图12）。

图12 永昌门

永昌门门额已残，掉落在距离城门外约 5 米的阶梯下。门额石残长约 1.4 米，残宽约 0.64 米，厚 0.2 米，门额上阴刻有"永昌门"三个楷书大字，字径统一，高 0.37 米，宽 0.24 米。永昌门外有一条长约 8 米的石板铺就的石梯路，梯石长约 1.13 米，宽约 0.2 米，厚约 0.2 米，供行人出入（图13）。

图13　永昌门门额

（2）大定门

大定门位于榕山城山脊，地理坐标为北纬 28°48′53.15″，东经 105°57′35.15″，海拔约 871 米。大定门破坏严重，城门不存，仅见基址和城门左右两边的城墙。门道内已经长满竹树，门道残宽约 2 米，进深约 1.47 米。城门外残存 5 级石梯，石梯用长 1.34 米，宽 0.29 米，厚 0.22 米的石板铺就而成（图14）。

图14　大定门现状

（3）得胜门

得胜门位于榕山城东南侧胡沟头村，西距大定门约 300 米，地理坐标为北纬 28°48′59.53″，东经 105°57′45.25″，海拔 751 米。得胜门依山而建，城门左壁靠近山体，根据岩石的形势用条石垒砌简单的门道，右壁靠近陡坡和绝壁，则用巨大条石垒砌而成。得胜门为石质平顶形制，保存较好，门道进深 0.98 米，宽 1.19 米，高 2.37 米。城门顶部有一块类似长方形的门栓石，长 1.97 米，宽 0.68 米，厚 0.2 米，门栓石上两个大小不一的门栓洞，大者直径 0.2 米，小者直径 0.15 米。门额石长 0.7 米，宽 0.32 米，上面楷书"得胜门"三个字，字径长 0.16 米，宽 0.14 米，字间距 0.07 米。得胜门内有石梯分布，均为人工用条石铺就而成，供平时出入，城外的道路经过简单修整。出得胜门沿着县道 X192 公路，可以到达榕佑乡（图15）。

图15　得胜门现状

图16　吉安门现状

图17　安乐门基址

（4）吉安门

吉安门位于榕山城东面，西南距得胜门约300米，隔着县道X192和杨湾、竹林沟相望，地理坐标为北纬28°49′12.66″，东经105°57′49.51″，海拔约721米。吉安门破坏较严重，现仅残存门道右壁和门道左壁基址，根据门道右壁的砌筑方式可以推断，吉安门为石质平顶城门，门道宽1米，进深1.3米，残高约2.5米（图16）。

吉安门左侧靠近陡坡，右侧临近悬崖，此处建立城门，易守难攻。吉安门内外有用条石铺就的石梯，出吉安门沿着石梯可到县道X192。

（5）安乐门

安乐门位于榕山城东面，距离吉安门西北约215米处，地理坐标为北纬28°49′18.98″，东经105°57′33″，海拔约851米。安乐门破坏十分严重，由当地村民指认，现残存城门基址，靠近悬崖，在巨石上开凿城墙和城门的墙基，然后用条石垒砌城墙和城门，在一定程度上提高了城墙和城门的稳定性（图17）。

安乐门位于吉安门上方，此处地势险要，易守难攻，在此设置城门和城墙增强了榕山城的防御能力，且安乐门内外有石梯分布，便于沟通城内其他防御设施。

（6）太平门

太平门俗称"狗穿洞"[6]，位于榕山城西面，地理位置为北纬28°49′14.77″，东经105°57′23.79″，海拔约775米，朝向280度。太平门破坏严重，城门基址被破坏，由当地人指认，现在太平门已经被改造成铁门，出入的道路由石板铺就。门前有一块平台，平台前为悬崖绝壁。太平门左侧为悬崖，右侧有一段保存较好的城墙。太平门处地势险要，易守难攻，且视野极好，天气好的时候能够观察到合江安乐山城和长江，方便瞭望沿着长江来进攻合江的敌人（图18）。

图18　太平门遗址

3. 角台

作为一座军事防御要塞，除了城门、城墙等防御设施外，榕山城内发现两处疑似角台遗迹的平台，分别位于大定门右侧和太平门右侧。角台主要建立在山城城墙拐角处，地势险要，视野开阔，在一定程度上可起到哨所的作用。和城墙、城门以及悬崖绝壁等有机配合，形成完整的防御系统。榕山城海拔高，地势陡峭，城内呈不规则形状，起伏较大，在险要处建立角台有利于观察敌情和对敌人进行有效的打击，且不易被敌人攻破。

（1）大定门角台

大定门角台位于大定门右侧约 5 米处。此处位于榕山山麓，地势较高，视野开阔，能够观测到永昌门至大定门一带的敌情，是榕山城南面的绝佳瞭望之地。大定门角台和西侧的阻隔墙、永昌门及其附近城墙，有机形成一个半包围结构的打击圈，有利于提高榕山城永昌门至大定门一线的防守能力。大定门角台平面为一半圆形平台，直径约 6 米，面积约 20 平方米，此处城墙高出地面约 0.8~1 米，角台内外立面由楔形石块丁砌而成，城墙中间填满碎石和泥土夯筑，形成掩体。角台残存城墙 10~15 层，残高约 4~4.5 米，城墙石是经过打磨的楔形，錾刻纹路为人字纹和细密的斜纹。城墙石规格主要分为大中小三种：大石长 0.4 米，高 0.3 米；中石长 0.31 米，高 0.36 米；小石为方形长约 0.28 米，高约 0.28 米，具有明显的宋代特征[7]。

（2）太平门角台

角台位于太平门右侧约 3 米处的一处平台上。此处地势险要，地理位置极好，视野开阔，可以观测到长江江面的情况，有利于观察敌情（甚至可以看到安乐山）。现存角台处于自然崖壁上，为一方形平台，长约 5 米，宽约 5 米，在平台边缘有一弧形城墙。城墙上部和下部的砌筑方法不同：上半部城墙石残存 5 层，主要使用条石顺砌而成，条石形制较统一，长 0.8~0.9 米，宽 0.35~0.4 米，厚 0.3~0.4 米；下半部城墙残存 2~3 层，城墙主要为丁砌，城墙石是经过打磨的楔形，城墙石外切面为长方形，长 0.31 米，高 0.36 米。

三、其他遗迹

1. 道路

经调查发现，榕山城有多条道路分布在城内外，道路主要分为两种，一是城内道路，城内道路主要沿着城墙的走势分布，大多数为石梯道，其功能主要用于侦察敌情、传递情报、便于支援和联络各防御要素形成完整的防御体系等。城内道路主要使用条石或者石板铺就而成，大致分布如下：在阻隔墙一带沿着山脊而上；在吉安门一带沿着城墙的走向分布；在安乐门一带成为连接吉安门的唯一道路；在太平门一带连接着天鹅湖和金鸭潭两个湖泊；在得胜门一带沿着城墙走势分布。所有的城内道路形成道路网，有机地连接各个防御要素，形成一个防御系统。二是城外道路，榕山城除了安乐门外，其余城门均有通向城外的道路，并且大部分道路，都铺就石板，方便出入。其中，永昌门处小道可达榕右乡和习水河；大定门可以沿着山脊能够到达榕右乡；吉安门沿着石梯路可到县道X192；太平门利用小道可以至长江，沿着长江向东可达重庆，向西能达合江和泸州。

2. 水源

榕山城内有湖泊两个，均位于榕山城西北一侧，现在改为水库，为榕山城周围居民生活用水点。两个湖泊大小不一，大湖泊海拔较高，俗称"金鸭潭"[8]，地理坐标为北纬28°49′19.09″，东经105°57′30.15″，海拔约817米，平面呈不规则形状，东西宽约116米，南北长约60米，面积为3800平方米，湖泊堤干被现代水泥覆盖。小湖泊位于太平门上方约200米处，俗称"天鹅湖"[9]，地理位置为北纬105°57′33″，东经28°49′21.62″，海拔约806米，平面类似长方形，东西长约90米，南北宽约30米，面积约为2400平方米。两个湖泊水源充足，水质较好，常年不竭。

除了两个湖泊之外，榕山城还有若干处泉眼，分布在城内各处，常年不竭，可供部分军民生产生活所需。

3. 摩崖造像

榕山城的摩崖造像现存3处，全部位于榕山城的东面、安乐门和吉安门之间。从上至下编号为K1—K3，如图19。其中K1为空龛，K2和K3为摩崖造像龛。现将具体情况介绍如下：

（1）K1空龛

K1位于最上方，形制为外方内拱双层龛，朝向为78度，外龛宽1.15米，高1.03米，进深0.5米；内龛宽0.5米，高0.66米，进深0.5米。龛内未雕塑造像。

（2）K2滴水观音龛

K2位于K1右下方，圆拱形浅龛，朝向80度，龛高0.83米，宽0.33米。龛内雕刻有滴水观音一尊，像通高0.79米，宽0.3米。

（3）K3倚坐供养人龛

位于K2下方，为圆拱形龛，朝向79度，龛宽0.37米，高0.57米，进深0.12米。龛内浮雕倚坐造像一尊，倚坐像，像通高0.45米，肩宽0.15米，头戴幞头，身着长袍（图19）。

图19　K1、K2和K3

第三章　年代判断

经田野调查发现，榕山城现存的防御设施遗迹中，城墙分布最多且最广，主要沿着崖壁和陡坡分布，城墙经过多次维修，在形制大小和砌筑方式上存在明显的两个时代风格，应该是不同时期修筑的城墙。

一、城墙

1. 城墙形制

榕山城现存6段城墙的城墙石形制大小不一，根据城墙石的形制和加工方式可大致主要分为A和B两型。

A型为大头向外、小头向内的楔形城墙石，城墙石大头一面经过细致加工，平面呈方形或近似方形，錾刻纹路多为细密的人字纹和斜纹，其余面加工粗糙。城墙石形制较规整，宽约0.26~0.4米，高约0.28~0.37米。A型城墙石主要分布在榕山城大定门左右两侧城墙的下部，因其经过统一的加工，城墙石规整，砌筑的城墙比较坚固，但风化严重（图20）。

B型为长方体城墙石，主要位于城墙上部，是榕山城分布最多的城墙，根据其形制规格可细分为Ⅰ式、Ⅱ式和Ⅲ式（图21）。

B型Ⅰ式城墙石平面呈长方形，长约1~1.5米，高约0.45~0.55米，宽0.4~0.44米。城墙石表面经过打磨，錾刻纹路为稀疏的竖纹或斜纹。此类城墙石是榕山城现存城墙中分布最广的，在Q1永昌门右侧城墙、Q3得胜门处城墙、Q4吉安门处城墙、Q6阻隔墙均有分布。

B型Ⅱ式城墙石的体量小于B型Ⅰ式城墙石，长约0.9~1米，高约0.35~0.45米，高0.40米。城墙石表面经过简单的打磨，錾刻纹路以竖纹为主。此类城墙石主要分布在Q1永昌门左侧城墙、Q5太平门右侧城墙和Q4吉安门城墙中间

图20 A型城墙石（大定门右侧）　　　图21 B型城墙石

部位。

B型Ⅲ式城墙石体量小于前两种城墙，宽0.25~0.35米，高0.26~0.3米。此类城墙石切面呈方形，城墙石表面经过打磨，手法粗糙，錾刻纹路主要以斜纹为主。此类城墙石间杂在B型另外两式城墙石中。

2. 城墙砌法

从榕山城现存的6段城墙的砌筑方法上看，榕山城城墙的砌筑方式主要分为两种形式：丁砌和顺砌筑法。丁砌的砌筑方法对应A型城墙石，顺砌的砌筑方法对应B型城墙石。

（1）丁砌

丁砌筑法主要为A型楔形城墙石，在砌筑城墙时，大头面向外，小头面向内，逐层砌筑。这种砌法主要见于榕山城大定门左右两侧的城墙，城墙石存在大小两头，因此在砌筑时，采用丁砌的筑法使城墙不能垂直地面，而是从下往上出现城墙内收，使城墙具有一定的倾斜度。这也与我们在调查榕山城大定门两侧城墙时，发现其倾斜度大都在10~15°之间的情况相吻合。除此之外，在大定门左侧城墙出现了明显的补砌，在丁砌城墙的两侧和上部出现了顺砌城墙和丁、顺砌筑法结合的城墙。城墙石加工粗糙，形制不一，城墙垂直于地面，没有收分。根据叠压打破关系来看，大定门右侧城墙存在两个时代的特征，且采用丁砌筑法的城墙应早于采用顺砌筑法和丁、顺砌筑法结合的城墙。

（2）顺砌

榕山城顺砌筑法的城墙分布在永昌门段、得胜门段、吉安门段、太平门段和阻隔墙，B型城墙石是顺砌筑法的主要对象，其砌筑方式为采用经过简单加工的长方体城墙石，沿着陡坡、悬崖边缘逐层错缝顺砌，间有极少的丁砌，城墙石之间没有使用粘合剂。由于B型城墙石形制较为规整，平面呈长方形，因此用B型城墙石砌筑的城墙经常垂直于地面，没有内收，城墙倾斜度不明显。

3. 城墙年代

根据榕山城城墙石的形制大小以及城墙的砌筑方式，再对照其他地区已经过断代的实物例证，可以把榕山城的城墙分为宋代和明清两个时期。

（1）宋代

榕山城的宋代城墙是由A型城墙石采用丁砌的方法砌筑而成。城墙自下而上，逐层向内收分，城墙有一定的倾斜度以增强城墙的稳定性。此种城墙常见于四川地区其他宋代山城之中，如合州钓鱼城中的一字城墙[10]、南充青居城、金堂云顶城、蓬安运山城、富顺虎头城（图22）和渝北多功城（图23）等城墙的下

图22　富顺虎头城外城南部临江段城墙局部　　　　　图23　渝北多功城东门右侧城墙局部

层城墙，在形制和砌筑方式上，明显相同。因此，榕山城大定门左右两侧下部城墙应该为宋代建造。

（2）明清

榕山城现存的城墙中，永昌门段城墙、得胜门段城墙、吉安门段城墙、太平门段城墙和阻隔墙皆用B型城墙石采用顺砌的方式砌筑而成。城墙石体量大且规整，城墙垂直于地面。此类城墙的砌筑方法和城墙石錾刻纹路可见于四川地区常见的清代城寨，在砌筑方式上主要由长条形城墙石顺砌而成，錾刻纹路以细密的竖条纹和斜纹为主，有不少纪年材料可作证据，如平昌小宁城遗址朝阳门右侧的清代城墙遗迹、南充青居城水城门附近的清代城墙遗迹、广安大良城长庚门附近清代城墙等。因此，榕山城城墙中永昌门段城墙、得胜门段城墙、吉安门段城墙、太平门段城墙和阻隔墙当为清代所砌。

二、城门

榕山城的6处城门遗迹中，大定门、安乐门和太平门被后人拆毁，仅剩城门基址，永昌门和吉安门门额已毁，仅剩门道。得胜门是榕山城保存最好的城门。得胜门的筑法、规模和錾刻纹路等方面，和宋元时期的城门有明显的差异，明显晚于宋代。得胜门在形制、砌筑方式上和平昌小宁城嘉庆二年（1797年）修建的重禧门和咸丰十年（1860年）修建的朝阳门、南充高坪区图山寨嘉庆八年（1803年）修建的关圣门极为相似，再与民国版《合江县志》所载的"清咸丰末年（1861年）富户但为椿在榕山上筑忠义寨，与永昌门、大定门、吉安门、安乐门、得胜门、太平门六处城门遗迹"[11]相对照，可以初步把榕山城的城门年代断定在明清时期。四川地区城门发展的大致规律是从拱券形城门向平顶形城门演变，因此，榕山城现存的城门遗迹的年代应该在明清时期。

综上所述，榕山城作为宋元战争中四川山城防御体系的组成部分和南宋时期抵抗蒙古军队军事攻击的重要堡垒，发挥了重要作用，具有深远的历史、文化、科学和艺术价值。"传承优秀的历史文化"，就是要保护好历史遗迹，讲好文物故事。我们一方面要抓好宣传，另一方面更要抓好保护与开发利用，让这一历史遗存永续文化命脉，代代相传。

注释：

[1] 佚名:《宋季三朝政要》，中华书局，1985年，第123页。
[2] 脱脱:《宋史》，中华书局，1985年，第89页。
[3] 王象之:《舆地纪胜》，中华书局，2003年，第79页。
[4] 宋濂:《元史》：中华书局，1986年，第109页。
[5] 乐史:《太平寰宇记》，中华书局，2007年，第234页。
[6] 黄淮、杨士奇:《历代名称奏议》，上海古籍出版社，1989年，第342页。
[7] 张晋生、黄廷桂:《钦定四库全书 史部11 地理类 四川通志 卷35》，第212页。
[8] 徐松、刘琳点校《宋会要辑稿》，上海古籍出版社，2014年，第358页。
[9] 王玉璋修，刘天锡等纂:《民国合江县志·卷一·舆地》，第231页。
[10] 刘芳声总修，田九垓纂:《(万历)合州志 1卷》，合川县图书馆，1978年，第45页。
[11] 秦湘修，杨致道纂，瞿树荫续修，罗增垣续纂:《同治 合江县志 54卷 卷首一卷》，第55页。

抗战时期国立女子中学的发展历史考察

张廷良　倪禧凤

（重庆市江津区文物管理所　重庆市江津区陈独秀旧居陈列馆）

摘要：国立女子中学是抗战时期中等教育、女性教育等方面研究的典型案例，但相关基础研究非常薄弱。本文结合抗战时期国民政府制定的战时中等教育相关政策措施和时代背景，详细梳理了该校创设、办学至复员几个阶段的发展历史，为学界开展相关研究提供基础材料。

关键词：抗战；中等教育；国立女子中学；龚慕兰

国立女子中学位于四川省合江县，是抗战时期设立的数十所国立中学之一。相较于高等教育的研究，抗战时期中等教育的相关研究显得较为冷清，在当时环境下，中等教育是很多青年学生能接受的最高阶段教育。作为抗战时期极少数的女子学校之一，国立女子中学在战时中等教育、战时女性教育等方面，都可以作为典型的研究案例。学界对于国立女子中学的研究较为薄弱，仅在泸州、合江的政协文史资料和部分文学作品中有少量回忆性文章，尚无专题性的学术研究。为此，本文详细梳理国立女子中学的发展历程，希冀为学界对抗战时期的中等教育和女性教育等方面研究提供基础材料。

一、前身

国立女子中学正式设立于1942年8月，前身可追溯至1938年组建成立的战区中小学教师第三服务团。战区中小学教师服务团是国民政府教育部为了保存战时教育的师资力量、缓解教育发展压力，于1937年底设立的专门机构，主要任务是对从战区撤退的教师学生进行登记和实施救济。国民政府教育部于1937年8月制定了初步的战时应变措施，允许处在战区中的学校迁移，规定各省教育行政部门对战区学校的教职员予以救济[1]，但此时的措施主要是面向高校教职员展开，中小学教师并没有考虑在内。

与高校教师随同本校集体迁移不同，战区中小学教师的内迁更具个人色彩。她们大多是出于民族气节，不甘沦为奴化教育的工具，而自发踏上向后方迁徙的流亡之路。后来担任国立女子中学校长的龚慕兰，便是自发踏上西迁之路的一员。1937年秋，当时担任江苏省立苏州女子师范学校校长的龚慕兰，在苏州危急之时，携带了一部分图书仪器，乘船渡过太湖，辗转溧阳、南京，溯江而上到达了四川内地[2]。相对高校教师而言，中小学教师的内迁过程更为悲壮和艰苦，也更迫切需要救助。为此，国民政府教育部颁布了《收容由战区中退出之中小学教职员及地方教育行政人员办法大纲》[3]，将收容救济的重心转移到中小学教师，在汉口、宜昌、长沙、郑州、西安等地设立登记处，并要求地方教育行政部门自行救济收容。其中，在汉口、宜昌登记的各省教师，由教育部派员率领迁往重庆，于1938年8月成立四川服务团，随后又更名为战区中小学教师第三服务团，团址设在重庆市南岸，下设有5个分团[4]，覆盖了重庆、北碚、江津、白沙、永川5个工作区，此时服务团的教师们担任着实施义务教育、社会教育、失学学生教导，以及编辑就读教材等工作[5]。龚慕兰即隶属于第三服务团。

1938年11月，龚慕兰受国民政府教育部委派，到四川省合江县筹建国立第五中学校。合江县政府将马街乡（今合江凤鸣镇瓦窑村）流杯池房舍拨出（图1），作为学校的校舍[6]，龚慕兰任校长。随后不久，该校又改组为战区中小学教师第三服务团第五中山班，仍由龚慕兰担任班主任[7]。中山班是一种包括中学班、中学补习班、短期职业训练班等形式的临时中等教育班级。这类班级具有很强的灵活性，可以收容更多的战区中学生。国立女子中学便是在战区中小学教师第三服务团第五中山班的基础上发展起来的。

二、改组

1941年，战区中小学教师第三服务团的第三、第五、第六中山班以及第二中山班高中部等班级，合并成立了国立第十六中学[8]。此时，中山班形式的临时中学已经难以完全满足战时教育的需要，而国民政府教育部认为，正规的国立中学理应由国家设立并直接管理。这种由国家直接管理中等学校的尝试始于1934年，当时为收容九一八事变后逃难的东北学生，国民政府教育部在北平设立了第一所国立中学，即国立东北中山中学。但是当时还处于尝试阶段，国家直接办国立中学的制度并没有完全形成。抗战全面爆发后，战区中的大量学校遭到敌军

图1 国立女子中学附近的"天下奇观"流杯池

有目的的毁坏[9]，中等学校数量大为减少，直接影响了初等教育和高等教育的发展。未被战火破坏的初等学校无法输出学生，而高等学校又缺少生源、招生困难，这才开始根据抗战需要在后方组建中等教育学校[10]。这一做法改变了以往由地方教育行政系统管理中等学校的惯例，通过收容和培养失学青年，挽救了当时的中学教育，实现了中学教育向安全地带的大转移，不仅部分保证了中国现代教育事业的延续性，促进了落后地区的教育发展，还对于支持抗战大业乃至储备民族复兴人才发挥了重要作用。

1941年国立第十六中学的校址有三处：其中校本部和女子分校位于合江县马街流杯池，即1938年龚慕兰筹建的原第五中山班所在地；初中部位于合江县长江北岸的白米镇桂溪园，为原第六中山班所在地[11]；位于重庆永川的高中部则为国立第十六中学的分校。这种设立分校的做法在1940—1942年期间非常普遍，这是因为国民政府教育部于1939年12月颁布的《修正国立中学暂行规程》中明确要求"国立中学各校必要时得擘设分校"[12]。设立分校的目的，在于使国立中学能够吸引更多的学生，扩大国立中学的教育范围，可使国立中学周边地区的教育水平获得提高。

1942年8月，合江马街流杯池的国立第十六中学合江校本部及女子分校，改组为国立女子中学。位于合江县白米镇桂溪园的原初分校更名为国立第十六中学初中部，继续办学。而校本部则迁往重庆永川北山公园的原高中部，即今重庆市永川北山中学所在地。此次改组是为了贯彻国民政府教育部于1942年制定的《县市立中等学校置办方法的训令》[13]，该训令的颁布是为了均衡偏远地区的中等教育，期望可以完善中学的合理分布，使全国县市中等教育的整体布局更为科学合理。

三、办学

1942年8月改组成立的国立女子中学，成立之初开设有高中和初中共10个班级，招收学生369名[14]。与同时期有数千名在校学生的其他国立中学相比，国立女子中学的学生数量明显偏少，这与该校招生对象以战区失学女子学生为主有直接关系，而民国时期女子获得受教育权利的程度低也是重要原因之一。当然学校也偶尔会招收非战区的学生，如时任合江县县长张懋彝（1940—1942年在任）的女儿张安惠便在该校读书[15]。

国立女子中学办学期间，师生们积极参与了1944年冯玉祥将军在四川合江县发动的献金救国运动。首先，她们开展了大规模的献金运动宣传工作，冯玉祥所作诗歌《女学生》[16]，便记录描述了当时的部分情形。其次，师生们率先在学校内部开展义卖捐献活动，学生们请假进城为人擦皮鞋赚钱捐献，教师唐铁、金月波等人捐献自己的书画作品，冯玉祥将军特地为金月波书赠了"见义勇为"条幅。再次，她们还在合江县城举行了连续三天的文艺募捐演出晚会，演出的节目包括有歌咏大合唱、评剧、话剧、歌剧等[17]。国立女子中学全体师生所采取的宣传、义卖、晚会等宣传募捐方式，显然是由学校管理人员和教师们积极制定策略并组织运作的，其中校长龚慕兰所起作用最大。

龚慕兰（？—1969年），湖南长沙人，是"岭南近代四家"之一、末代皇帝溥仪的老师梁鼎芬（1859—1919年）的内侄女，少时跟随梁鼎芬学习，有着很好的文学和文化基础[18]。她在南京中央大学读书期间，是著名戏曲理论家、教育家吴梅（1884—1939年）创立的潜社成员中为数不多的女社员之一[19],之后赴美国哥伦比亚大学留学多年[20],回国后于1935年底接任江苏省立苏州女子师范学校校长,1937年后到四川。龚慕兰还是著名文学家胡小石(1888—1962年)[21]、著名语言文字学家黄侃(1886—1935年)的受业弟子(图2)[22]。

龚慕兰的办学思路,以营造安静祥和的学习氛围、提升学生的升学率为主,她笃信教育救国,坚决杜绝了国民政府在国立女子中学发展国民党员、三青团员的行动[23]。与此形成鲜明对照的是,改组后位于重庆永川的国立第十六中学,1943年时便已出现了三青团组织,学校门口还挂有三青团十六中支部的吊牌,对学校学习生活造成了一定影响[24]。

龚慕兰还为中国共产党地下工作人员提供过帮助。她的亲戚龚饮冰(1896—1976年),化名龚再僧,在上海建立的同共产党中央直接通报的秘密电台被破坏后,于1942年在重庆以商人身份创办建业银行[25],继续从事党的地下工作,其间曾多次到国立女子中学[26]。而龚再僧的妻子王一知(1901—1991年),原名杨代诚,于1942年从上海来到四川,进入国立女子中学任国文教员[27],以此身份为掩护,于1944年到重庆继续从事党的地下工作[28]。

图2 1948年夏,胡小石60岁时与宗白华(右一)、女婿谭龙云、崔唯吾、杨白华、章黄荪、唐圭璋、钱用和、曾昭燏、龚慕兰、孙继绪、游寿等合影。

另外，国立女子中学的教师也普遍具备教育、师范的专业背景，如训导主任刘忆萱（1909—2002年），新中国成立后任中国人民大学中文系教授[29]。历史教员邵瑞珍（1916—1998年），中国民主促进会会员，1938年毕业于浙江大学教育系，是著名教育心理学家，新中国成立后在华东师范大学工作[30]。图画教员金月波（1914—1980年），是中国民主促进会会员，毕业于湖北省立武昌师范学校，在书画、诗词方面颇有成就，与吴晗等有长期的诗歌往来，后又任教于武汉市女子中学、武汉市第七十二中学等校[31]。此外，在该校任职任教的还有化学教员张孝友、国文教员唐铁、历史教员万载芳、教务主任谢崇昭等。

四、复员

国立中学的大规模设置是一项临时性的战时措施，这种体制的弊端到了抗战后期开始显露出来。办学费用特别是学生公费贷金数目随着学生逐年增多而日益庞大，致使中央财政不堪重负。据统计，到1944年由中央财政支付学费的中等学校学生就达4万人，加上后方高校6万余人，全年费用高达106亿元，超过了教育预算经费的数倍[32]。抗战胜利后，沦陷区学生归乡就学就业势在必行，因此，国立中学迁回原籍办学并移交地方办理是必然命运。

1945年9月20日至26日，国民政府教育部在重庆举行了全国教育善后复员会议。虽然此次会议举办仓促且流于形式，但最终形成了对国立中等学校的处置意见："国立中学有特殊情形者国立，其余一律归交省市（办理）"。又考虑到国立中等学校要求复员的师生人数较多，教育部决定各校"不论其迁并情形如何，凡教职员学生自愿还乡者，皆以助其还乡为原则"[33]。不过，由于抗战期间在四川办理的国立中等学校数量最多，考虑到四川方面中等教育发展的实际情形，同时满足四川教育界的期望，国民政府教育部拟定计划，将一些国立中等学校留设四川办理。

1946年4月，国民政府教育部要求四川省教育厅接收8所国立中等学校，其中便包括位于合江的国立女子中学。但四川省教育厅在接到教育部的接收训令后，却并未立即着手准备接收工作。据分析，四川方面之所以接办不甚积极，主要还是希望借此与教育部讨价还价，其中固然有经费紧张的原因，也有着人事安排上的分歧，如校长龚慕兰在国立女子中学复员后，就是因四川省教育厅不按照教育部的意见操作而未得到安置导致了失业[34]。直到1946年9月，国民政府教育部在采取了最后通牒等一些过激措施后，四川方面终于提出了新的接收方案，其中，非川籍员生返乡就业就学[35]，而国立女子中学则改办为省立合江中学，兼收男女生[36]。不过相关的交接工作却到1947年4月才告解决[37]。

此时，国立女子中学未毕业的学生，大多转入了重庆市立二中。由于四川省不肯接收，国民政府教育部不得不扩大了重庆市立二中的办学规模，并在重庆附近另设置了两所学校[38]，用来收容国立第十六中学（永川）、国立第十八中学（三台）和国立女子中学（合江）三所学校未毕业的学生。

五、贡献

国立女子中学的学生大多自战区背井离乡逃亡而来，尤其对于女学生而言，动荡的社会环境下能够在校求学是非常不容易的，而能够完成学业的学生则更少，更多的学生则在接受了一定教育后便选择婚姻、进入家庭。据《第二次中国教育年鉴·四》[39]统计数据，1942—1945年的7个学期，国立女子中学初中毕业学生共计275人，毕业率在17%上下，高中毕业学生212人，毕业率在16%左右。

不过，曾在国立女子中学就读的学生中，也有少部分学生在新中国成立后为祖国建设做出了重要贡献。如著名草莓、果树专家邓明琴（1925—2022年），曾于1942—1945年在合江的国立女子中学读高中（图3）[40]，1945年考入复旦大学农学院园艺系，新中国成立后在沈阳农业大学任教至离休，长期从事草莓栽培与育种研究，是我国草莓科学研究的创始人和奠基人，主持培育的"绿色种子"是我国首个正式登录的草莓品种，先后选出10余个草莓品种，填补了国内相关研究空白[41]。又如张安惠（1928—？），其父张懋彝曾任合江县县长[42]，在国立女子中学就读初中和高中，1950年在国立女子师范学院（原西南师范大学，今西南大学前身）毕业后，在重庆《新华日报》社任记者，1954年9月调《光明日报》社工作，直至退休[43]。在她的回忆性文学著作《往事知多少》一书中，有她1941—1946年期间在四川合江学习生活的章节内容[44]。

国立女子中学的相关研究还有待于新的研究材料的发现。就目前所知，重庆市江津区博物馆收藏有240份国立女子中学的学生学籍档案（图4），根据《第二次中国教育年鉴》中国立女子中学的学生数量计算，江津博物馆收藏的学籍档案大约仅占全部学生的15%左右，更多的学籍档案散佚在民间。这些学籍档案建档时间均为民国三十五年七月，此时为学生统一

图3　邓明琴先生照片（1942年在四川省合江国立女子中学读高中）

图4　重庆江津博物馆藏国立女子中学学生龚楚先的学籍档案

建档应该是为学校复员和接办做准备。档案中主要信息包括学生姓名、性别、年龄、籍贯、肄业年级、学期考试成绩表、肄业方式,以及家长姓名、家长职务或任职机构等。这些学籍档案对于认识学生群体面貌、拓展相关学术研究有重要价值。

注释:

[1] 中国第二历史档案馆:《中华民国史档案资料汇编》第五辑第二编(一),《战区内学校处置办法》,江苏古籍出版社,1997年,第3页。

[2] 吴椿,周树藩主编:《师范群英 光耀中华》第11卷,陕西人民教育出版社,1993年,第241页。

[3] 陈立夫:《陈部长谈今后教育方针》,《教育通讯》创刊号,1938年,第1—7页。

[4] 余子侠、冉春:《抗日战争时期中国教育研究》,团结出版社,2015年,第317页。

[5] 国民党中央委员会党史史料编纂委员会:《革命文献》(第62、63合辑),中央文物供应社,1973年,第282页。

[6] 合江县志编纂委员会:《合江县志》,四川科学技术出版社,1993年,第592页。

[7] 龙先绪:《罗剑僧传》,作家出版社,2006年,第199页。

[8] 教育部教育年鉴编纂委员会:《第二次中国教育年鉴 四》,商务印书馆,1948年,第47页。

[9] 石岛纪之:《中国抗日战争史》,吉林教育出版社,1990年,第61页。

[10] 吴文华:《抗日战争时期国立中学的职业教育》,《史海纵横》2007年第10期。

[11] 中国人民政治协商会议四川省合江县委员会文史资料委员会编:《合江县文史资料选辑 第十四辑 纪念抗日战争胜利五十周年专辑》,1995年,第107页。

[12] 中国第二历史档案馆:《中华民国史档案资料汇编》,第五辑第二编,教育(一),江苏古籍出版社,1997年,第576页。

[13] 中国第二历史档案馆:《中华民国史档案资料汇编》,第五辑第二编,教育(一),江苏古籍出版社,1997年,第620页。

[14] 教育部教育年鉴编纂委员会:《第二次中国教育年鉴 四》,商务印书馆,1948年,第47页。

[15] 张安惠:《往事知多少 一个女记者的人生轨迹》,新华出版社,1997年,第47页。

[16] 冯玉祥:《川南游记》,三户图书社,1946年,第94—113页。

[17] 中国人民政治协商会议四川省合江县委员会合江县县志编辑领导组:《合江县文史资料选辑 第3辑》,1984年,第74—78页。

[18] 王卫民:《吴梅和他的世界》,河北教育出版社,2002年,第73—74页。

[19] 杨联芬主编:《性别与中国文化现代转型》,东方出版社,2017年,第208页。

[20] 陈光春:《中国教育活动专题研究丛书第2辑》,《生成与失范 民国时期中学教师管理制度研究 1912—1949》,华中科技大学出版社,2016年,第92页。

[21] 胡适等;艺林社编:《文学论集》,亚细亚书局,1929年,第174页。

[22] 胡星亮主编:《中国现代文学论丛 第2卷》,上海人民出版社,2007年,第97—98页。

[23] 张安惠:《往事知多少 一个女记者的人生轨迹》,新华出版社,1997年,第49页。

[24] 中国人民政治协商会议四川省永川县委员会文史资料委员会编:《永川文史资料选辑 第9辑》,1993年,第125页。

[25] 李蓉，张延忠主编：《中国共产党第一至第六次全国代表大会代表名录 增订本》，中共党史出版社，2014年，第68页。
[26] 张安惠：《往事知多少 一个女记者的人生轨迹》，新华出版社，1997年，第49—50页。
[27] 李蓉，张延忠主编：《中国共产党第一至第六次全国代表大会代表名录 增订本》，中共党史出版社，2014年，第284—285页。
[28] 周行健：《华夏妇女名人词典》，华夏出版社，1988年，第47—48页。
[29] 郁贤皓：《李白大辞典》，广西教育出版社，1995年，第344页。
[30] 国务院学位委员会办公室：《中国社会科学家自述》，上海教育出版社，1997年，第511—512页。
[31] 林子序主编：《书画研究》，湖北美术出版社，2017年，第53—54页。
[32] 张福运：《抗战胜利之初中国教育现代化第困顿——以江苏的中等教育复员为例》，《苏州科技学院学报（社会科学版）》2005年第4期。
[33] 贺金林：《抗战胜利后国民政府教育复员研究》，社会科学文献出版社，2010年，第46页。
[34] 教育部代电（民国三十六年七月七日），龚慕兰来函（民国三十六年六月二十七日），中国第二历史档案馆馆藏档案：全宗号5，案卷号7965，第29—34页。
[35] 教育部教育年鉴编纂委员会：《第二次中国教育年鉴 一》，商务印书馆，1948年，第396页。
[36] 贺金林：《抗战胜利后国民政府教育复员研究》，社会科学文献出版社，2010年，第81页。
[37] 朱家骅：《一年来教育施改报告》，《教育部公报》1947年第5期。
[38] 张福运：《抗战胜利之初中国教育现代化的困顿——以江苏的中等教育复员为例》，《苏州科技学院学报（社会科学版）》2005年第4期。
[39] 教育部教育年鉴编纂委员会：《第二次中国教育年鉴 四》，商务印书馆，1948年，第396页。
[40] 雷家军、郑文衖：《邓明琴与中国草莓》，辽宁科学技术出版社，2013年，第2页。
[41] 《沉痛悼念我国著名果树学家邓明琴教授》，《果树学报》2022年第4期。
[42] 中国人民政治协商会议四川省合江县委员会合江县县志编辑领导组：《合江县文史资料选辑 第4辑》，1985年，第94—95页。
[43] 全国新闻职称改革工作领导小组办公室编辑组：《高级记者、高级编辑名录 1983—1992》，中国工商出版社，1994年，第639页。
[44] 张安惠：《钟爱我一生》，作家出版社，2002年，第92—97页。

西藏洛隆县硕督镇清代民国历史述略

罗 勇

（中共西藏自治区委员会党校）

摘要：硕督镇从清代被招抚至今已有300余年，汉、藏、回、满、蒙古等各族人民先后在此交往、交流、交融，生息繁衍。硕督狮子舞、清军墓等见证了清代、民国时期藏、汉等各民族交往、交流、交融的历史。文章根据《清实录》等资料以及实地调研，对硕督镇清代、民国历史逐一梳理，以期为西藏铸牢中华民族共同体意识挖掘共同的历史记忆。

关键词：清代民国；西藏；硕督镇；历史

硕督镇位于西藏昌都市洛隆县境内，原名硕般多，是藏语音译，其意为"险岔口"，因地势而得名。清康熙五十八至五十九年（1719—1720年），洛隆被招抚。雍正三年（1725年）洛隆划归达赖管辖。雍正七年（1729年），清廷将洛隆、硕般多赏给七世达赖喇嘛作为"香火地"。1906—1908年期间，赵尔丰实施改土归流政策，将硕般多和洛隆宗用武力收归朝廷。宣统二年（1910年），赵尔丰设硕般多委员，洛隆宗隶之。清代先后在硕般多设都司、把总各一员，后来"将都司移驻后藏，惟驻把总，难资弹压"，于是改把总为千总，又添设驻防外委一员。在硕般多沿设文武诸职，如都司、把总、千总、驻防外委等百余年。民国时期，1912年9月，"西康悉定"后，政府设硕般多为硕督府。从此，硕督之名取代硕般多。从清代硕般多被招抚至今已有300余年，汉、藏、回、满、蒙古等各族人民先后在此交往、交流、交融，生息繁衍。硕督狮子舞、清军墓、"团结月饼"、汉藏文记账簿等见证了清代、民国时期藏汉等各民族交往、交流、交融的历史。笔者根据清代史料及民国藏事电稿等，对硕般多清代、民国历史逐一梳理，以期为铸牢中华民族共同体意识提供史实支撑。

一、清代硕般多历史考述

《清实录》记载，雍正三年乙巳十一月乙未（1725年12月5日）议政王大臣等议题："又木多之外罗隆宗、嚓哇、从尔刚、桑噶、吹宗、衮卓等部落，虽非达赖喇嘛所管地方，但罗隆宗离打箭炉甚远，若归内地，难以遥制……其罗隆宗等部落，请赏给达赖喇嘛管理"[1]。1727年西藏发生了阿尔布巴之乱，清廷又派大军进藏平叛，雍正六年戊申十一月己巳（1728年12月23日）办理藏务吏部尚书查郎阿等遵旨覆奏："云南进藏兵三千，于罗隆宗留兵二千名，又木多留兵一千名。"[2] 后来随着形势的发展，清廷逐渐裁减驻藏军员，但沿途的塘汛驿站却保留了下来。硕般多因其重要的地理位置，成为川藏官道上的重要驿站。由果亲王允礼撰写、成书于清雍正年间的《西藏志》，在其"台站"内载："硕板多把总一员，兵五十名，后减撤三十名。"[3]"五十里至说板多，有人户柴草，并大寺院，正副营官，驻防官兵，此地通青海玉树等处。"[4]这些都是清初有关硕般多作为台站的记录，"硕板多""说板多"皆系"硕般多"不同音译。

乾隆时期，硕般多作塘汛的地位逐步强化。"乾隆十八年癸丑五月甲申（1753年6月30日）署四川总督黄廷桂奏：'现在藏兵前后换防，臣饬乍丫、昌都、巴塘、说板多、拉里等处粮台各官，以换防需备供支为辞，采买青稞二千石，存贮站所。'"[5]乾隆四十年乙未正月庚申（1775年2月11日）军机大臣等议覆："'请于硕般多、石板沟、巴塘、里塘四处各添设委把一员，协同办事。'查委把总并非正官，即正千、把总，亦俱系末弁，管辖兵丁，诚恐未能得力。现在征剿金川，蜀省官多，应饬令四川总督富勒浑俟大功告成后，于绿营官员内，或游击，或守备，简派四员，分驻硕板多等处，管理驿务。'从之。"[6]

1792年后，清廷颁布了《钦定善后章程二十九条》，标志着对西藏管理的全面加强，硕般多的地位进一步突显。由驻藏大臣松筠撰写、成书于清嘉庆初年的《卫藏通志》中，与硕般多有关的记载进一步丰富。如在《卫藏通志卷三·山川》内记载了"硕板多"境内著名的山峦及河流："章拉山，在硕板多东，高峻险阻，上下三十余里，至曲齿，又名紫驼。乌底拉山，在硕板多西南，势不甚峻，越二十五里，至拨浪山寺，又五里，至中义沟。巴拉山，在硕板多西南，势平坦，上下约三十里，至巴里郎。朔马拉山，一名赛瓦合山，在硕板多西，边风猎猎，乱山皆童，逾二十余里，至索马郎。柱马郎错河，源出噶拉漫山坡，经流紫陀曲齿，北流，归偶楮河。胄柱河，源出乌底山，经流四十里，至硕板多，合柱马郎错河，会于偶楮河。"[7]这些记载都反映了以硕般多为中心，周边地势详情。在《卫藏通志卷四·程站》[8]内对以硕般多为中心的程站作了详细记载："洛隆宗至曲齿尖，硕般多宿，计程一百六十里。洛隆宗西南行，经漫坡，上坡山路陡险，九十里过铁凹塽，大山壁立，有塘铺。顺沟而行，路稍平坦，二十里至曲齿，又名紫陀，有大喇嘛寺，可尖可宿。近新开一路，由东南行，为春夏水绕道也。五十里至硕般多，居人稠密，物产亦饶，有碉房、柴草，有驻防、塘铺，换乌拉。""硕般多至中义沟尖，巴里郎宿，计程一百里。硕般多沿沟而上，路平，五十里过巴喇山，势不甚峻，至中义沟，山程平坦，五十里至巴里郎，有碉房、柴草，有塘铺，头人供给乌拉，但居人落落，旅况增岑寂耳。"另外，在《卫藏通志卷十五·部落》内还对硕般多的地方势力作了介绍："硕般多位于洛隆宗之西一百六十里，原属西藏部落，委喇嘛第巴一名、俗人第巴一名，掌理黄教，钤束地方……雍正四年，会勘地界，遵旨将硕般多地方，赏给达赖喇嘛。其地则四山旋绕，二水合襟，进藏要路也。"[9]关于硕般多的驻兵情况，《卫藏通志卷十二·条例》内"绿营"载："硕般多汛千总一员、外委一员……总兵六百十八名。"[10]

乾隆之后，清朝历代统治者沿袭并进一步完善对硕般多的管理，硕般多的区位优势及政治影响不断被强化。

由黄沛翘撰写、成书于光绪年间的《西藏图考》内多处提及硕般多[11]。如《西藏图考卷之三》之"西藏程站考"载："硕般多五十里中义沟尖五十里巴里郎宿。计程一百里。""硕般多一作说板多,一作设板多,一作苏班多,又作舒般多,在洛隆宗之西,地少险隘,惟恶说与春朋接壤,乃西海之捷径也……其疆域东自洛隆宗擢耻塘界,西至阿南多界六百八十里,南至洛隆宗界,北至达隆宗界。"[12]"硕般多城筑土氂石为城,凭枕山梁,俯临河坎,前阔后尖,略如扇形,僧众俱在城内修建房屋,环绕居住。俗碟巴亦居城内民房。""硕般多塘兵十名,土兵四名。中倚塘一作中义,一作忠义,兵十名,土兵二名。巴襄塘一作巴里郎,兵十名,土兵二名。喇赍塘一作纳子,兵十名,土兵二名。宾巴塘一作边坝,兵十名,土兵二名。丹达塘、达拉宗塘兵十名,土兵二名。同祖塘兵十名,土兵二名。郎结宗塘一作郎结宗,兵十名,土兵二名。达模塘一作大窝,兵十名,土兵二名。阿兰通塘一作阿兰多,兵十名,土兵二名。""千总、外委汛各一俱在硕般多","大寺在硕般多,寺二座,内供佛像,经堂住坐喇嘛碟巴"。[13]很明显,这些成书于清代中后期的史书,在前人记载的基础上,根据当时关注的重点,作了进一步的丰富,尤其是对硕般多的驻兵及分布作了详细说明。

清末,在赵尔丰的"经营边藏,用兵三岩、工布、波密等,筹议边藏设治"中,硕般多发挥了重要作用。《清实录》记载,宣统二年庚戌四月丁酉(1910 年 6 月 1 日)督办川滇边务大臣赵尔丰奏:"边、藏情形时殊势异。亟宜将洛隆宗、硕板多、边坝、杂貐、波密等紧要地方收回,固我边圉。"[14]这一主张得到了清中央的支持,由傅嵩炑具体筹划实施,其思想对民国治理西藏产生了重要影响。"宣统三年辛亥六月甲戌(1911 年 7 月 3 日)又谕:'电寄赵尔丰等。据电奏:筹商波密,调营进攻;并饬凤山赴硕板多,节制调度'等语。即著按照所筹

各节,饬令各营,分头前进,妥慎办理。赵尔丰布置就绪,仍即迅速赴川。未尽事宜由傅嵩炑妥为筹办。"[15]清末最后一任驻藏大臣联豫,在实施藏政改革中也提到了硕般多,"宣统二年庚戌四月乙酉(1910 年 5 月 20 日)'藏以东拟设驻硕般多委员一员……管理刑名词讼,清查赋税数目。'"[16]

以上为清代不同时期硕般多相关历史的记述。

二、清代硕般多遗存考

据《洛隆县志》载,1719 年,清中央政府平定准噶尔部入侵西藏后,为了确保西藏腹心地区的安宁,在通往拉萨的要道上设置了粮台、塘汛。硕般多逐步成为进藏官道上的重要塘汛、粮台,直到 1911 年 10 月清军一直驻守于此。历经近 200 年的经营,清军在硕般多督修建了兵营、城堡、城墙。笔者在调研时,发现了大量清代驻守官兵的遗存。

"互助契约"石碑

文字从右至左:"钦赐蓝翎驻防硕板□,盖闻圣贤有去不偏之谓□,国朝鼎定以来设立台藏安驻官兵□,时不得起身悃苦在台告贷无门实属情□,得荣旋惟我硕台捐帮全无殊属大局有□,管宪院公少畤详查下情悯念兵悃□夜筹□,大众悦服拟分三等以备台兵班满回□,察统宪周君树廷批准立碑定□,□硕板多汛东西马□,公议三等□……"(图 1)根据碑文大致可以判断为一驻台官兵相互帮助、周济等内容,具体情形不得而知。马丽华在《藏东红山脉》中记载"另有原汛台官兵所立一民间互助组织的契约石碑"[17]亦指此残碑。

图1 "互助契约"石碑

"弄巧试看放过谁"匾额

此匾额残缺不全,依稀可见"弄巧试看放过谁""陕西西安府鄠县弟子唐福年""苏大成""沐手敬题"等字(图2)。当地人介绍,此匾额原供奉在硕般多关帝庙内,其意在劝人为善,莫要投机取巧,供奉者为现在的陕西省西安市鄠邑区的三位信徒,反映了民族交往交流交融的历史。

图2 "弄巧试看放过谁"匾额

"神目如电"匾额

"神目如电"匾额现存文字"神目如电""硕台功曹使虞得贵敬立"等(图3)。据当地人介绍,此匾原供奉在硕般多关帝庙内。供奉者为硕般多塘汛的功曹虞得贵。功曹相当于现代的助理,此人应为硕般多营官的副手。马丽华在其《藏东红山脉》中记载,"在洛隆,我见到原关帝庙匾额一块'神目如电'"指的就是这块匾额。

汉藏文记账簿

汉藏文记账簿(图4)所示。据记载:毛元是陕西户县(现为西安市鄠邑区)人,清光绪和宣统年间,曾任清军驻硕般多驿站"记账官",死后葬在久贡顶山汉墓群。毛元之子清末民国初年在硕般多做生意,人们都叫他"毛老板"。毛老板娶了一位当地藏族姑娘为妻,其后裔在此繁衍开来(图5)。

图3 "神目如电"匾额

图4 汉藏文记账簿 　　　　图5 作者与清代商人毛元后裔

"马边营张千总"墓碑

墓碑文字从右至左（图6）："大清同治八年三月十四日亥时；皇清显考马边营千总张公□杰老大人之墓；祀男文清、文元叩"。笔者考证，"马边"位于现四川乐山境内，墓主是从马边营调至硕般多驻防的绿营兵，"千总"是他在军中的职务，属中下级军官。从墓碑所反映的情况来看，这位张姓千总已扎根硕般多，在当地生息繁衍。

"武显将军"墓碑

碑文从右至左（图7）："光绪十年，皇清诰授武显将军张公讳明老大人之墓，驻防硕台平番营千总马忠国率领阖□李□□，查承恩，姜文才，杨光华等叩"。笔者考证，墓主人张明被清朝诰授为武显将军（清代文武官阶各设十八等，武显将军为第三等武官阶称号），立碑者为驻防硕般多唐汛的平番营千总马忠国及属下查承恩等人。此墓碑是清代军人为国捐躯、客死他乡的见证。

"姜美"墓碑

墓碑刻有相应的藏汉文，汉文（图8）："清故显考姜公讳美老大人之灵墓，同治十年十月二十三日子时终"。从碑文的藏汉文并列的情况来看，墓主人及其后代已融入当地文化，是军人与当地居民融合的见证。

三、民国"硕督"地名源考

辛亥革命后，藏内极度纷乱，清末入藏的川军多属哥老会，相率反正，与联豫、钟颖亲兵互相仇杀，并危及藏民生命财产的安全。藏地势力因此仇汉，亦多杀伤，相持一年，电讯隔绝，其中确情，内地不得而知。1912年6月，英国侵略者策划了西藏叛乱，尹昌衡被北洋政府任命为西征军总司令，督师西进平息乱军侵扰。尹昌衡（1884—1953年），原名昌仪，字硕权，号太昭，别号止园，四川彭县（今彭州市）升平镇人，曾任四川陆军速成学堂总教习（相当于校长）、四川军政府军政部长，是辛亥革命时期的四川名人。尹昌衡一边指挥军队西征，宣示国家对西藏的

图6 "马边营张千总"墓碑

图7 "武显将军"墓碑

图8 "姜美"墓碑

主权，一边在赵尔丰改土归流基础上，加强中央对西藏的管理。从硕督地名一词的产生就能清晰洞窥西藏与中央的关系。

《民元藏事电稿　藏乱始末见闻记四种》提到，"硕督"之名最早出现于电稿："胡景伊电政府转尹昌衡电述战绩并组织边藏镇抚情形（九月十三日）。""至硕般多、拉里、江达本系边境，变乱之余，粮员星散，不得不选派官吏，酌带防卫，镇定抚绥，尤重保护外人权利……兹拟将硕般多改为硕督府，拉里更设嘉黎府，江达定名太昭府，以归划一。"[18]紧接着，"硕督"就作为四川官员认可的地名，用于上报中央政府的电文中，"胡景伊电政府据尹昌衡电刘瑞麟自俄洛侨大捷进略硕督嘉黎计程已及江达得命即发（九月二十八日）"，"国务院呈大总统鉴，顷接尹督自打箭炉沁电称：得刘瑞麟详报，昌都近战……刘瑞麟统驭有方，剿抚得宜，番人踵降，悉加怀抚，殊得驭夷之道。自俄洛桥大捷，进略硕督、嘉黎，计程已及工布江达矣……"[19]那么，"硕督"一名有何寓意？

据考证，尹昌衡在经营川边时，借鉴清末赵尔丰和傅嵩炑行政区划设想，设立"昌都府、太昌府……并划有太昭一府，嘉黎、硕督两县"。同时，尹昌衡对川边地名产生了重要影响，"现在西康之'昌都'（原名察木多），'硕督'（原名率般多），'太昭'（原名江达）各县，均因尹氏名昌衡，字硕权，号太昭，而定名。"[20]《西藏历史地位辨》指出，"原拟直出拉萨之尹昌衡部西征军，由于英帝国主义的干涉，其先头分队到达工布江达以后，即未再向西进。此时，联豫、钟颖并绝大多数川军均已离开拉萨。因尹昌衡字硕权、乳名昭儿，故将其军所到之硕般多取汉名'硕督'，工布江达取汉名'太昭'"[21]。那么"硕督"之名产生后，又是如何得到民国中央认可的呢？

"张培爵电政府改划硕般多等处设府治应请核示（九月二十八日）"，"大总统钧鉴、案据筹边总理黄煦昌函：外患方殷，我若弗图，人将踵至，请改划察木多附近之硕般多、拉里、江达等处，分设府治，控制蛮民，经尹督昌衡酌准，饬将硕般多改为硕督府，拉里改为嘉黎府，江达改为太昭府，并准尹督电同前来。查事关改划边地，建设府治，应请大总统核示遵办，以昭郑重，特用电陈，祗候钧夺。四川民政长张培爵勘（二十八日）印。"[22]对尹昌衡设立"硕督府"的建议，民国中央又持何种态度呢？相关电文显示"国务院电张培爵等硕般多设治事俟查明近年藏边分管区域再办（十月一日）""成都民政长张、打箭炉尹都督，大总统令：勘电悉。所请硕般多等处设治之处，查硕般多向归察木多辖境，应准改为府治。拉里、江达在察境以西，应俟尹督将近来边藏分管区域查明，再行核办。该两处所派官吏，暂仍照旧制，名为粮员可也。等因，合电遵照。国务院东（一日）印。"[23]这份电文说明，民国中央政府并未全部同意尹昌衡的建议，但肯定了将般硕多改为"硕督府"。之后民国中央又令尹昌衡将具体的筹划边藏地图上报，使"硕督府"进一步得到中央的认可。"国务院电尹昌衡仍将乡城剿抚详报前清边务大臣辖域地图望速送阅（十一月十五日）。""中渡探交尹都督：午密。大总统令：阳电悉。仍即将乡城剿抚详状报明，以慰驰系。至前清边务大臣所辖区域，前已饬将地图呈送，刻下筹划边藏机宜，地图尤关紧要，务望迅速送阅，仍将新改郡县名称添入，用备考核。等因，合电遵照。国务院删（十五日）印。"[24]据杨一真记载，"民国元年，尹经略昌衡率师西征，改江达为太昭府，所属五县为硕督县、嘉黎县、恩达县、察隅县、柯麦县，并经北京内务部铸铜印，设官分治。"[25]

从上述电文中，我们清晰地看到"硕督"的由来及民国中央政府认定的经过。1917年，藏军在英国人的支持下东进，用武力攻占了洛隆等地，民国政府的军队撤防。之后，洛隆宗、硕般多宗属西藏地方政府的昌都总管管辖。

民国十五年（1926年），设立"西康省"时，因为尹昌衡西征所设"一府三县"原因，"太昭就因此成为民国政府建立西康省拟定最西省界的理由"[26]，"硕督""太昭"等地名出现在民国中央政府的官方地图上，西藏地方作为民国政府的一部分，也承认了这一事实，"硕督"之名流传下来并得到认可。1937年邢肃芝由四川出发前往西藏，于1938年进入藏境，对沿途作了详细记录。在他的《雪域求法记——一个汉人喇嘛的口述史》中，有专门关于"硕督"的记载。"当天下午两点左右到达硕般多。此地又名硕督，人烟稠密，是西藏东部的一个重镇。清朝此地驻有重兵，和西部的拉萨，东部的昌都遥相呼应。宣统二年（1910年）波密事变，清军驻军统领罗长琦率兵由工布江达进攻叛匪失败，以后又派川军从硕督进攻波密，才生擒一反叛首领白马青翁，所以硕督在地理上的重要性……我到硕督时，还发现遗留着清代修筑的城墙残迹……""我到达硕督后，当地的许多汉人前来探望问候，因为这里多年来很少有内地汉人出现。这些硕督汉人生长在边疆，一方面孤陋寡闻，消息闭塞；另一方面经济实力又不如藏人，所以遭到藏人的歧视……"[27]从这些文字记载可知，当时"硕督"一名已得到认可，并进入民国旅藏人员的游记中。和平解放西藏时，先遣支队进藏途中也有对"硕督"的记载。杨一真在《十八军先遣支队进军拉萨宿营报告实录》[28]记载："1951年8月4日，先支今16时宿硕督，沿途道路宽平，人户渐密，柴草亦丰。1951年8月5日，先支今宿硕督与八里朗之间马拉山下，行程50里。"这说明"硕督"一名已相沿成习，得到各族群众的共同认可。

以上通过"硕督"一名的演化过程，我们可以清晰地看到，虽然民国时期中央权力式微，但却从未放弃对西藏的主权，尹昌衡西征就是最好的说明。同时，西藏地方一直与中央保持着紧密的联系，民国中央在藏的行政区划得到认可并执行，就能说明这一点。以上也是"硕督"一名考证的价值所在。

注释：

[1]西藏民族学院历史系：《清实录藏族历史资料汇编（一）》，西藏民族学院历史系，1981年，第88页。
[2]西藏民族学院历史系：《清实录藏族历史资料汇编（一）》，西藏民族学院历史系，1981年，第97页。
[3]《西藏研究》编辑部：《西藏志 卫藏通志》，西藏人民出版社，1982年，第45页。
[4]《西藏研究》编辑部：《西藏志 卫藏通志》，西藏人民出版社，1982年，第51页。
[5]西藏民族学院历史系：《清实录藏族历史资料汇编（一）》，西藏民族学院历史系，1981年，第1437页。
[6]西藏民族学院历史系：《清实录藏族历史资料汇编（一）》，西藏民族学院历史系，1981年，第1440页。
[7]《西藏研究》编辑部：《民元藏事电稿藏乱始末闻记四种》，西藏人民出版社，1983年，第214页。
[8]《西藏研究》编辑部：《民元藏事电稿藏乱始末闻记四种》，西藏人民出版社，1983年，第236—237页。

[9]《西藏研究》编辑部:《民元藏事电稿藏乱始末闻记四种》,西藏人民出版社,1983年,第517页。
[10]《西藏研究》编辑部:《民元藏事电稿藏乱始末闻记四种》,西藏人民出版社,1983年,第340页。
[11]《西藏研究》编辑部:《民元藏事电稿藏乱始末闻记四种》,西藏人民出版社,1983年,第65页。
[12]《西藏研究》编辑部:《民元藏事电稿藏乱始末闻记四种》,西藏人民出版社,1983年,第92页。
[13]《西藏研究》编辑部:《民元藏事电稿藏乱始末闻记四种》,西藏人民出版社,1983年,第140—141页。
[14] 西藏民族学院历史系:《清实录藏族历史资料汇编(一)》,1981年,第1890页。
[15] 西藏民族学院历史系:《清实录藏族历史资料汇编(一)》,1981年,第1890页。
[16] 西藏民族学院历史系:《清实录藏族历史资料汇编(一)》,1981年,第1893页。
[17] 马丽华:《藏东红山脉》,中国藏学出版社,2007年,第173页。
[18]《西藏研究》编辑部:《民国元年藏事电稿藏乱始末见闻记四种》,西藏人民出版社,1982年,第50—51页。
[19]《西藏研究》编辑部:《民国元年藏事电稿藏乱始末见闻记四种》,西藏人民出版社,1982年,第78—79页。
[20]《西藏研究》编辑部:《民国元年藏事电稿藏乱始末见闻记四种》,西藏人民出版社,1983年,第50—51页。
[21] 王贵、喜饶尼玛、唐家卫:《西藏历史地位辨》,民族出版社,2003年,第240页。
[22]《西藏研究》编辑部:《民国元年藏事电稿藏乱始末见闻记四种》,西藏人民出版社,1983年,第79页。
[23]《西藏研究》编辑部:《民国元年藏事电稿藏乱始末见闻记四种》,西藏人民出版社,1983年,第84—85页
[24]《西藏研究》编辑部:《民国元年藏事电稿藏乱始末见闻记四种》,西藏人民出版社,1983年,第101页。
[25] 西藏自治区政协法制民族宗教文史委员会:《西藏文史资料选辑(二十二)》,民族出版社,2005年,第137—147页。
[26] 王贵、喜饶尼玛、唐家卫:《西藏历史地位辨》,民族出版社,1991年,第240页。
[27] 邢肃芝口述,张健飞、杨念群笔述:《雪域求法记——一个汉人喇嘛的口述史》,生活·读书·新知三联书店,2003年,第128页。
[28] 西藏自治区政协法制民族宗教文史委员会:《西藏文史资料选辑(二十二)》,民族出版社,2005年,第137—147页。

明代贵州李诚和李诠墓志铭考释

管庆鹏

(青海师范大学)

摘要：出土墓志是研究地域社会的重要史料。民国三十五年（1946年），贵州李诚和李诠兄弟墓志出土后，并未引起重视。其墓志内容涉及卫所人群的社会交往、婚姻状况，及地方政治生态的变化。它反映了明初贵州军政家庭的发展，可补地方史籍的不足，对研究贵州社会的变迁具有重要的史料价值。

关键词：明代；李诚；李诠；墓志铭；李政；顾成

民国以前，贵州地方志书阙载李诚和李诠兄弟的事迹。自李氏兄弟墓志铭出土后，其记载始见于民国《贵州通志·金石志》。李氏兄弟墓志铭不仅记述家世情况，还涉及与镇远侯顾成、贵州布政使右参议杨廉等重要人物，对研究明代贵州的历史颇有价值。

一、关李氏兄弟墓志铭出土时间考

李诠和李诚墓志出土的时间有1946年和1955年之说。1939年，贵州政府开始修建黔桂铁路，至新中国建立以前，黔桂铁路未竣工[1]。黔桂铁路的修建，为发现李诠、李诚墓志铭提供了契机。民国《贵州通志》记载：

> 按民国三十五年十一月黔桂铁路局贵筑县民工大队第五中队修筑黔桂铁路贵阳总站路基工程，在贵阳南厂附近掘获明宣德昭勇军贵州都指挥佥事李政之二子墓志铭，石四方，一为李彦纶圹志铭六字，篆书；一为墓铭全文，楷书；一为故舍人李彦经墓志铭九字，篆书；一为墓铭全文，楷书。原石宽高并约一尺二寸，字尚清晰，惟李彦经墓志铭左上方损坏，笔画已不可辨矣（图1）。

民国三十五年（1946年），黔桂铁路局贵筑县民工大队修筑贵阳总站路基时，在南厂附近意外发现李诠、李诚墓志，墓志铭首次出土。南厂位于贵阳城南，在今南厂路一带[2]。这次发掘获得了包括墓志铭和志盖，共计四方。其中圹志铭为篆文，墓铭为楷书，材质为石质，志石"宽高并约一尺二寸"。李诠墓志铭记载，"葬城南平原，从其祖妣太夫人越氏之兆也"。就出土地点来看，的确在贵阳古城之南，距离城南较近。民国《贵州通志》记载："墓志铭'存在贵州文献征辑馆'"[3]。

1955年，李氏兄弟墓志铭在贵阳市南门观风台被重新发现。据《贵州省墓志铭选集》（后

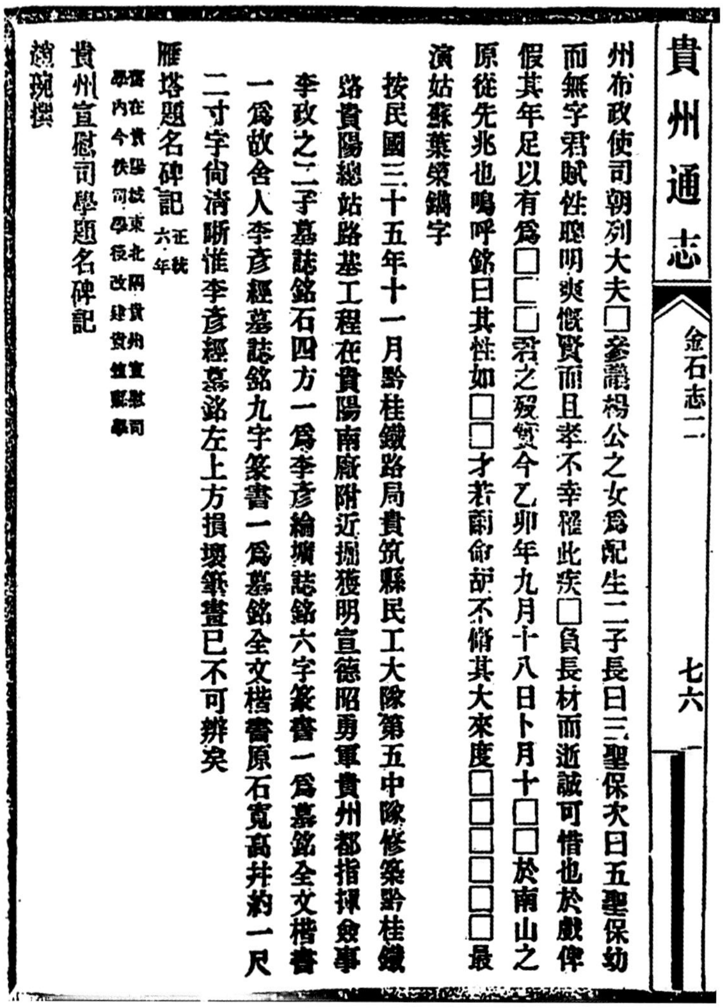
貴州通志　金石志二　七六

州布政使司朝列大夫□參議褐公之女爲配生二子長曰三聖保次曰五聖保幼而無字君賦性聰明爽慨賢而且孝不幸罹此疾□負長材而逝誠可惜也於戲俾假其年足以有爲□□□君之殁實今乙卯年九月十八日卜月十□□於南山之原從先兆也嗚呼銘曰其性如□□才若蘭命𠭼不俯其大來度□□□□□最演姑蘇葉榮鐫字

按民國三十五年十一月黔桂鐵路局貴筑縣民工大隊第五中隊修築黔桂鐵路貴陽總站路基工程在貴陽南廠附近掘獲明宣德昭勇軍貴州都指揮僉事李政之二子墓誌銘石四方一爲李彥綸壙誌銘六字篆書一爲墓銘全文楷書一爲故舍人李彥經墓誌銘九字篆書一爲墓銘全文楷書原石寬高幷約一尺二寸字尚清晰惟李彥經墓銘左上方損壞筆畫已不可辨矣

雁塔題名碑記 正統六年

舊在貴陽城東北隅貴州宣慰司學內今侯司學校改建貴陽縣學

貴州宣慰司學題名碑記

趙琬撰

图1　民国《贵州通志》记载李氏墓志出土情况

文简称《选集》）记载：

李诚墓志铭，于1955年在贵阳市南门观风台出土，明宣德十年（1435年）刻石，墓志楷书，志盖篆书：“故舍人李彦经墓志铭”，志石藏贵州省博物馆。

李诠墓志铭，于1955年在贵阳市南门观风台出土，明宣德七年（1432年）刻石。志文楷书，盖文“李彦纶圹志铭”六字篆书，志石藏贵州省博物馆[4]。

从《选集》记载看，当时的编者并未看到《通志》关于李诠、李诚墓志铭记载的相关内容，因此误以为李氏兄弟墓志铭是1955年出土于“贵阳市南门观风台”。观风台，位于贵阳市城郊东南观水路东侧小山上，下临南明河[5]。民国十七年（1928年）以后，观风台改作无线电台，“今其山麓辟为住宅区，汽车车路周绕如环”[6]。又据《贵阳文物志》记载：“观风台原为道观，民国以来长期无人管理，日久屋宇倾塌。”[7]从以上记载看，观风台所在山麓建有居民区，是当时城郊东南众人皆知的景点。

李氏兄弟墓志铭首次出土的时间应是1946年，而不是1955年。1919年以来，鉴于《贵州通志》(后文简称《通志》)年久失修，陈矩、任可澄等名儒倡议续修《通志》，遂得地方政府的重视，设立贵州通志局负责续修《通志》。1936年，贵州通志局改设为贵州文献征辑馆[8]。1947年，贵州文献征辑馆更名贵州文献委员会，负责续修《通志》。民国《通志》记载，李氏兄弟墓志发现于民国三十五年（1946年），当时可能将墓志铭搬移到贵州文献征辑馆，以供续修《通志》使用。两年后，《通志》刊印问世。因此，《通志》记载时间是比较可靠的。至于李氏兄弟墓志铭为何会从贵州文献征辑馆转移到观风台，其原因可能是社会动荡时人将其埋到观风台。

二、李氏兄弟墓志铭录文补校

李氏兄弟墓志铭录文主要以《通志》和《选集》为代表。经对《通志》和《选集》录文的核实，我们发现李诠墓志铭文的识读两书基本无误。兹摘录李诠墓志如下，以便后文讨论。

李彦纶圹志铭

顺昌廖驹撰文，滁阳张复书丹，合肥李芳篆盖

君讳诠，字彦纶，其先为凤阳定远人，今昭勇将军贵州都指挥佥事季公政之少子也。为人孝悌慈祥，天资英伟，不幸蚤遇疾，及即世之日，虽仆隶，哭之亦尽哀，他可知也已。君生于有明永乐壬辰四月廿四日，其卒也，当宣德壬子三月四日，得年仅二十有一，未有子，葬城南平原，从其祖妣太夫人越氏之兆也。铭曰：厥年甚少，厥德孔多；理不可诘，悲如

之何。

兄李诚立石

姑苏叶荣镌石

李诠生于永乐壬辰，卒于宣德壬子，年仅21岁。墓志铭、圹志镌刻于宣德七年（1432年），为其兄李诚所立。李诠去世三年后，其兄李诚亦去世。李诚墓志出土时"左上方损坏，笔画已不可辨矣"。

《通志》与《选集》在识读李诚墓志铭方面存在异同。接下来，我们将以《通志》记载为底本，结合志石记载对二者的录文作比较和补充。

《通志》记载：

李彦经墓志铭

故陇西郡李君诚字彦经墓志铭

滁阳朱宪撰□，乡贡进士昌黎王训篆丹，南谯张复书丹

君讳诚，字彦经，镇国将军贵州都司都指挥李公之次子也。李公娶镇远夏国顾公之女，生五子一女，君其次子也，其昆季皆先君卒。君生于永乐庚寅之七月七日。生三日，其外公夏国顾公视之曰：是儿生逢节令，必有异于常者，可善抚之。五岁能读诗，八岁颇知经书大义，十三能骑射，出琅琅不凡，总角如老成人。又能书，日诵习成章。初从昌黎王先生启蒙，后从表叔越先生讲明四书之旨，及子史难疑，藏之修之，厥闻大彰。既冠，于曲艺罔不悉知，已与寒素□，其父母见其成立也。娶贵州布政使司朝列大夫□参议杨公之女为配，生二子，长曰三圣保、次曰五圣保，幼而无字。君赋性聪明、爽慨，贤而且孝，不幸罹此疾□负长材而逝，诚可惜也。于戏倬假，其年足以有为□□□，君之殁，实今乙卯年九月十八日，

卜月十□□于南山之原，从先兆也。呜呼！铭曰：其性如□□，才若尔命，胡不修其大来度□□□□□最演。

姑苏叶荣镌字

经核对《通志》和《选集》录文，《通志》中李诚墓志铭的录文较《选集》识读的字数多，说明《选集》多有遗漏之处。就墓志铭内容看，"李彦经墓志铭"与"明李诚墓志铭"是后世整理墓志铭时的题名，并非原文的内容。《通志》载"故陇西郡李君诚字彦经墓志铭"，《选集》此内容阙载。观李诚志盖，撰文"故舍人李彦经墓志铭"九字[9]。《通志》"滁阳朱宪撰□"的"□"，应作"文"字，如李诠墓志铭文的书写习惯。《通志》"乡贡进士昌黎王训篆丹"的"丹"，应作"盖"字。《选集》"山□张复书丹"中张复的籍贯，李诚墓志铭中作"滁阳"，《通志》作"南谯"，而《选集》作"山□"，可能是编者识读错误。《选集》"□国□军贵州都司都指挥李公之次子也"中"□国□军"，据《通志》记载应作"镇国将军"。《通志》"于曲艺罔不悉知"中"于"字，《选集》作"好"字。《通志》"已与寒素□"中"素□"两字，《选集》作"溪□□"三字。《通志》"娶贵州布政使司朝列大夫□参议杨公之女为配"中"朝列大夫□参议"七字，《选集》作"朝列□□□□"六字，应作"朝列大夫右参议"，后文有考证。《通志》"不幸罹此疾□负长材而逝"中"罹此疾□负"五字，《选集》作"□□□□□"。《通志》"其年足以有为□□□"中"足以有为□□□"七字，《选集》作"□□□□"。《选集》中"□君之殁"中"□"应为前句之字。《通志》"卜月十□□于南山之原"中"月十□□于南"六字，《选集》作"□□□□□，（葬南）"。此外，"铭曰"的内容，《通志》载二十四字，《选集》载十六字，较前者少八字。通观李诚墓志铭内容，《通志》较《选集》详细，两者可互补校正。

三、李氏兄弟墓志的作者及其之间的关系

据李氏兄弟墓志铭、志盖记载可知，作者有廖驹、张复、李芳、朱宪、王训五人，部分作者的生平与李氏兄弟关系概述如下。

廖驹，字致远，顺昌人，号强怒，宣德初年从戍都匀卫[10]。贵州宣尉使宋斌曾聘请廖驹廷教诸子。廖驹颇有诗名，著有《强怒斋诗集》若干卷流于世[11]。从李彦纶墓志铭内容难以判断他们之间的关系。彦纶墓志铭为其兄长所立，推测李诚可能与廖驹相识。

朱宪，字伯章，贵州前卫人，修身隐居不求闻达。正统间，以贤良举不就，独身。献王闻其贤，招致于国，未久亦解归焉[12]。墓志铭中的"滁阳"应为朱宪的祖军籍，贵州前卫为现所在卫籍[13]。据李诚墓志铭可知朱宪与李诚应为好友关系。

王训，字继善，昌黎人，号寓庵。年十八，"上保边政要八策，宣庙嘉纳之"[14]。宣德乙卯（1435年）中云南乡试。正统间，都督吴亮推荐王训为贵州儒学训导，教法严整。成化年间，郡学制度草创，王训与副使李睿极力营建，以兴文化教育。正统十三年（1448年），麓川思仁发叛乱，尚书王骥率师讨之，辟王训辅佐，"卒获渠魁"。正统十四年（1449年），"苗獠"攻围新添、平越等卫，尚书侯琎亦辟王训辅佐，"赞画不阕，月围顿解"，论功升教授。《黔记》记载"王训，贵州卫教授"[15]。之后，王训又被封武略将军，卒年80岁，著有《寓庵文集》三十卷，传于世。李诚墓志铭撰写于宣德十年九月，恰是王训考中

云南乡试之后。铭文记载，李诚"初从昌黎王先生启蒙"，由此可知李诚与王训为师徒关系。

四、李氏兄弟墓志涉及重要人物考释

李氏兄弟是镇国将军贵州都司都指挥李政之子。关于李政的生平、事迹，贵州地方志多阙载。《明实录》虽有记载，但难以窥其全面，故将李政的事迹略作梳理。

1402年，"升扬州卫指挥佥事李政为贵州都司指挥佥事，旌其以全城归附也"[16]，说明李政是在建文末年擢升至贵州都司指挥佥事，这与李诠墓志铭记载"昭勇将军贵州都指挥佥事李公政"相吻合。永乐三年（1405年），"法司奏贵州都指挥佥事李政挟私愤，杖杀土官，当斩，命原其死，谪隶丰城侯李彬，令遇敌当先杀贼赎罪，无功乃坐死"[17]。丰城侯李彬，字质文，凤阳人。"永乐二年，襄城伯李浚讨永新叛寇，命彬帅师策应。未至，寇平，命以所统镇广东。四年召还，捕南阳皂君山寇。其年七月，以左参将赍征夷副将军印授沐晟，进讨安南。"[18]这说明李政可能参与征讨南阳、安南等叛乱。李政到丰城侯李彬军中效力，因获军功得以赎罪。李诚为李政次子，生于永乐八年（1410年），说明李政在永乐八年以前已回到贵州。永乐十三年（1415年），戎县蛮夷叛乱，"敕敬（李敬）发兵剿捕，且敕贵州都司都指挥李政以兵会敬等，合攻之。遂围落卜、大坝等处山寨，擒捕蛮贼，悉斩"[19]，说明此时李政官已复原职。宣德三年（1428年），总兵官都督萧授奏，贵州都司都指挥佥事李政等，招捕都匀卫丰宁长官司贼首罗父荡[20]。宣德九年（1434年），新添卫舟行长官司罗海男等叛乱，兵部尚书王骥奏李政前往安抚。《明宣宗实录》记载：

行在兵部尚书王骥奏："贵州新添卫舟行长官司[21]，故土官罗海男、罗朝扇诱寨长卜羊集，逃民罗阿记等侵占卧龙番长官龙知保之地。又攻猓平寨，焚庐舍，杀人劫财。"昨诸土官屡奏："都指挥佥事李政镇抚有方，蛮民信服，近坐累逮至京，故诸蛮无所畏惧。今政已宥过还职，请令政躬往其地，审实抚谕，俾各守疆土，输纳贡赋，如仍不服，同总兵官萧授以兵擒其首恶，而抚定其余，从之。"[22]

李政在镇抚地方叛乱方面颇有谋略，蛮民信服。王骥言"今政已宥过还职，请令政躬往其地，审实抚谕"，要求李政官复原职，继续安抚蛮夷。以上史实在乾隆《贵州通志》也有简略记载[23]。综上所述，1402年，李政自扬州卫指挥佥事调为贵州都司指挥佥事，因"挟私愤，杖杀土官"被贬，并戴罪立功。从李诚墓志铭记载看，李政在永乐八年以前仍留居贵州，并成为夏国公顾成的女婿。永乐十三年（1415年），李政参与镇抚四川戎县、贵州都匀等蛮夷叛乱。

镇远夏国顾公即顾成。《明史》记载："顾成，字景韶，其先湘潭人。祖父业操舟，往来江、淮间，遂家江都。"[24]明太祖渡江后，归附。洪武八年（1375年），调顾成守贵州。洪武十八年（1385年），进封贵州都指挥同知。洪武二十九年（1396年）"迁右军都督佥事，佩征南将军印"。靖难之役后，论功封镇远侯，"食禄千五百石，予世券，命仍镇贵州"，"置官司建学校，卓有成绩"[25]。永乐十二年（1414年）五月卒，年八十有五。赠夏国公，谥武毅。贵州建有夏国公祠，"在治城内南，祀本朝功臣顾成，载在祀典"[26]。顾成是多子女的家庭，共有子八人，女七人。其中，七女即"德音、德瑜、德善、德柔、德琓、德能、德真"[27]。《顾成墓志铭》记载:"女七人,俱适显宦"[28]。李政自扬州卫调至贵州,与顾成本是同乡人,结为姻亲是可能的。李氏兄弟墓志铭的出土恰好证实这段关系的存在,弥补了历史的阙载。

《李诚墓志铭》记载:"后从表叔越先生讲明四书之旨,及子史难疑,藏之修之,厥闻大彰",说明李诚与越先生是表叔关系。这层关系源自李政之母"越氏"。《李诠墓志铭》载"从其祖妣太夫人越氏之兆也",表明"越氏"应是越先生的姑母。那么,越先生何许人呢?从万历《贵州通志》记载来看,越姓在贵州多为科举家族,如越昇、越淳等。越梁是贵阳府有名的隐逸,"少游庠校,不乐仕进,隐于槐亭,有鹿门德公之风焉。一时贤达结社,称槐亭先生。又仁□济世活人,不责报。年八十化,然赤子也。后鲁孙八九人登科,人谓阴德之报"[29]。以上表明,越姓在贵州文化教育事业方面的影响力。

李诚"娶贵州布政使司朝列□□□杨公之女为配",这里的"杨公",可能为"杨廉"。弘治《贵州图经新志》载:"杨廉,扬州人,宣德间任贵州右参议。操行端洁,抚绥有方。自谓关西苗裔,当不失清白之守。寻卒于官,果如其言。"[30] 贵州右参议,即贵州布政使司右参议。杨廉并不是在宣德年间任职"贵州右参议"的职位,而是在永乐十七年(1419年)。

《明太宗实录》载"升广西按察司佥事杨廉为贵州布政司右参议"[31],说明杨廉是自广西按察司佥事升为贵州布政司右参议。"朝列"两字后面可能紧接"大夫"二字。"朝列大夫"金朝始置,为文散官[32]。元明时期沿用,品阶有差。明初授朝列大夫,从四品[33]。洪武十四年(1381年),增置左、右参议,正四品[34]。李政曾在扬州任职,而杨廉本是扬州人,又同在贵州省城里为官,很有可能结为姻亲。

综上所述,李氏兄弟墓志涉及重要人物有贵州都司都指挥李政、镇远侯顾成等,他们都是贵州显赫的名门望族。李氏在贵州建立起来的社会关系,既包括军贵家族,又有文官家族,说明明初的贵州地域社会已经形成新的政治生态关系。

结语

贵州出土的墓志是研究明清贵州地域社会的重要史料。李氏兄弟墓志不仅涉及卫所人群的社会交往、婚姻状况,还涉及地方政治新生态的形成,它反映了明初军政家庭在贵州的发展变化。该墓志还可以补贵州地方史籍的阙载,对研究顾成后裔及其家族在贵州的活动具有重要的史料价值。

注释:

[1] 贵州省地方志编纂委员会:《贵州省志·城乡建设志》,方志出版社,1998年,第375页。
[2] 木子:《在"南厂军营"的见闻与经历》,《贵阳文史》2009年第5期。
[3] 田晓华:《试析贵州省民国图书出版概况》,《贵图学苑》2019年第4期,第49页。
[4] 贵州省博物馆:《贵州省墓志选集》,1986年,第16、18页。
[5]《职方典》载:"明万历间巡按毕三才建亭其上,以镇水。"毕三才《观风台碑记》云:"……于是量费捐资,择日鸠工……逾百日而台肖然落成。时甲辰(万历三十二年)二月三日",说明观风台在万历年间

已经是名胜景点。参见周作楫修:《贵阳府志·余编》卷7《文征七》(第14册,第123页)。

[6] 柴筱樨:《贵州名胜考略》,《贵州文献季刊》1939年第2、3期合刊。

[7] 贵阳市志编纂委员会:《贵阳市志·文物志》,贵州人民出版社,1993年,第68—69页。

[8] 刘显世,谷正伦修:《贵州通志·金石志》,第11册,第105页。

[9] 现李氏兄弟志石藏于贵州省博物馆。笔者曾前往贵州省博物馆查阅,因墓志铭保存较差,多数字迹不清,未能窥其全貌。

[10] 关于廖驹谪戍的地点,万历《贵州通志·流寓》作贵阳,而弘治《贵州图经新志·都匀卫》、万历《黔记·寓贤列传》均作都匀卫,故作都匀卫。

[11] 王来贤修:《贵州通志》卷4《宣尉使司·流寓》,《日本藏中国罕见地方志丛刊》第17册,书目文献出版社,1991年,第111页。

[12] 沈庠修:《弘治贵州图经新志》卷3《贵州宣尉使司》,第11册,第43页。

[13] 顾诚:《隐匿的疆土:卫所制度与明帝国》,光明日报出版社,2012年,第72页。

[14] 沈庠修:《弘治贵州图经新志》卷3《贵州宣尉使司》,第1册,第39页。

[15] 郭子章:《黔记》卷30《科第表》,第3册,第33页。

[16] 《明太宗实录》卷12,洪武三十五年九月甲午。

[17] 《明太宗实录》卷47,永乐三年冬十月庚午。

[18] 张廷玉等撰:《明史》卷154《李彬传》,中华书局,1980年,第4233页。

[19] 《明太宗实录》卷166,永乐十三年七月乙巳。

[20] 《明宣宗实录》卷48,宣德三年十一月庚申。

[21] "舟行长官司"在贵州地方志书中记载为"丹行长官司"。参见沈庠修:《贵州图经新志》卷11《新添卫》(第125页)。

[22] 《明宣宗实录》卷115,宣德九年十二月丙辰。

[23] 鄂尔泰等修:《贵州通志》卷23《师旅考》,《中国地方志集成·贵州府县志辑》第4册巴蜀书社,2006年,第446页。

[24] 张廷玉等撰:《明史》卷144《顾成传》,中华书局,1974年,第4073页。

[25] 王来贤修:《贵州通志》卷2《秩官》,《日本藏中国罕见地方志丛刊》第17册,书目文献出版社,1992年,第44页。

[26] 沈庠修:《弘治贵州图经新志》卷2《贵州宣尉使司中·祠庙》,第1册,第33页。

[27] 张祥光:《论顾成》,《贵州文史丛刊》2014年第4期,第37页。

[28] 杜应国:《镇远侯顾成墓悬疑释解》,《贵州文史丛刊》2016年第3期。

[29] 万历《贵州通志》卷3《贵阳府》,《日本藏中国罕见地方志丛刊》第17册,书目文献出版社,1991年,第80页。

[30] 沈庠修:《贵州图经新志》卷3《贵州宣尉使司》,第1册,第39页。

[31] 《明太宗实录》卷219,永乐十七年十二月戊子。

[32] 吕宗力主编:《中国历代官制大辞典》,北京出版社,1994年,第772页。

[33] 张廷玉等撰:《明史》卷72《职官》,中华书局,1974年,第1736页。

[34] 张廷玉等撰:《明史》卷72《职官》,中华书局,1974年,第1840页。

宋代汉人移民泸州及其社会影响

王 森

（华南师范大学）

摘要：宋代泸州因政治与经济地位"权任益重"而迁入了大量移民。这一时期，移民群体不仅促进了泸州的商品经济发展，还将北方的石墓、石刻等墓葬习俗传入泸州。其家庭后代融入当地文化，将自己家族塑造成为泸州文教之乡的缔造者之一。

关键词：泸州移民；泸县宋墓；族谱；历史记忆

唐末五代至南宋初，北方移民持续大量入川。北宋在四川开边拓地，大量汉人家族迁入四川垦田，使得四川地区的农业有了较大的发展。[1]北宋末到南宋初，"宋朝的政治中心南移，导致北方人口大量南迁，形成了我国历史上第三次北方人口南移的大浪潮，使四川成为北方移民南迁最多的地区之一"[2]。单从移民的人数规模上看，"北宋末年到南宋初有巨大的变化：北宋崇宁元年（1102），四川总户数183万多，人口525.8万多。到了南宋绍兴三十二年（1162），四川总户数达394.9万户，人口1153万多。扣除当时0.5%左右的自然增长率，移民总数高达238万"[3]。更有学者通过《太平寰宇记》中宋初与《宋史》崇宁年间泸州户数的对比发现，近120年间泸州的户数增长了近10倍[4]。移民迁入泸州后对当地经济、社会造成重要影响。

一、商品经济发展与墓葬习俗传入

首先，泸县宋墓石刻中存在大量精美的伎乐、勾栏、乐舞石刻[5]。这是南迁到泸州的石匠们运用娴熟精湛的石刻艺术将"西南要会"——泸州的繁荣商业景象在墓主石刻上的反映。而在个别泸县宋墓墓志铭的记载中泸州的商业状况也有所表现：《宋于祠君墓志铭》记载"公为一乡之善士也"，"嗜货殖，既富矣，涛南北，与人交"[6]。乡绅于祠在泸州经商获利，继而与士人交往联姻。他乐善好施颇有善举，在乡里美名远播。

再者泸州商业的繁荣，可以在曹叔远《江阳谱》对泸州各县草市、自然聚落、人口比例的统计中得到反映。有学者据此分析泸州的草市镇与周围的聚落之间发展比例接近，说明草市镇发展接近饱和，村落之间形成了市场网络[7]。大部分墓主都是具有一定经济能力的乡绅士人或者官宦之家，他们的经济能力与泸州当地的经济发展不无关系。有了经济实力，他们才能将北方的墓葬习俗传入泸州等周边地区。

地处四川盆地南部丘陵地带的泸州出土的带有雕刻图像的宋代石室墓葬，其石材来源多为墓葬附近的红砂岩丘陵地带[8]。四川汉代以来存在着"以石为墓"的丧葬习俗，在宋代的泸州地区得到延续。其墓室采用仿木建筑结构，其中一切仿造墓主生前的居住环境，石刻图像无不体现出宋人"事死如事生"的观念。

墓葬形制上，迁入的泸州家族沿用"同坟异葬"即合葬习俗。苏轼曾经在《书温公志文异圹之语》中对宋代四川汉人的合葬习俗作过描述：

《诗》云："穀则异室，死则同穴。"古今之葬皆为一室。独蜀人为一坟而异藏，其间为通道，高不及肩，广不容人。生者之室，谓之寿堂，以偶人被甲执戈，谓之寿神以守之，而以石瓮塞其通道。……故蜀人之葬最为得礼也。[9]

在泸县宋墓的墓志铭里也能看见关于合葬习俗的记载，如《于祠君墓志铭》中载"李氏先葬矣，今改而祔焉""公与所生之丧合葬与麒麟岗巽山之下"[10]；《马无新墓志铭》："三五以绍兴二十二年十一月初一日，葬于泸州泸川县宜民应福里祔先茔之"[11]；《古德骏墓志铭》载"先是，母夫人绍兴三十二年卒，葬于泸川县□□乡井三里，葵卜淳熙三年十月十一日，葬君于夫人之墓侧"[12]。泸县石室墓中的双室墓、多室墓、家族墓，就是汉人移民家族迁入泸州后传入的丧葬习俗。

道教文化在泸县宋墓墓葬的石刻装饰当中也屡见不鲜。道教装饰主要包含四神、八卦、十二神、二十八宫、鹿鹤等题材。有学者将宋代墓葬装饰题材大致分为十三类，其中第十一类"四神、十二神和二十八宿"，据统计在北方宋墓中出现较少，而在泸县宋墓石刻中四神形象频频出现。[13] 此外，墓主以修建生墓延寿的方式，在墓室中设空椅、供桌等石刻图像，都是宋代生墓当中道教文化的象征。在葬期与坟茔所在位置的选择上，泸县宋墓也受到道教文化的影响。《谷德骏墓志铭》当中写到其母白氏的葬日与堪舆地镜法有关。《张氏族谱》碑刻中也有涉及张氏家族的寿堂所建的堪舆山水形势与方位，并有张氏将先人墓葬视为"庆堂""吉宅"的描述[14]。由上可见道教的思想文化伴随着移民的迁入在泸州地区的发展与传播。

泸县宋墓墓主们的来源主要是北方中原陆续迁来的移民及其后裔。他们的祖先从唐末、北宋到南宋迁入泸州，逐渐落地生根。这些移民后代的身份主要是乡绅士人和中下级官宦。他们具备一定的经济条件，才能沿袭四川汉人的墓葬习俗建造了石室墓，并依照汉人的墓葬习俗下葬，并在碑文记载和石刻上呈现道教文化的元素。而与此相对，泸县也有平民墓葬的存在，然而形制比较简单，有少量雕刻甚至没有，仅存简略碑文[15]。

二、从化外之地到文教之乡的构建

宋代，泸州经济的发展带来了泸州文教事业的发展，这点在明代川南地区的家族族谱当中可以见到。很多移民家族对祖先的追溯是从文教文化上的成就开始的。移民家族在书写和追溯他们先祖的历史时，一般都会写先祖在迁移泸州之后，经过几代在乡里以德行著称后，在文教事业中做出成就而且德望颇高，在这样的话语模式下，其家族由一个迁移而来的家族慢慢转化为本地文教之乡的代表人物。这样的话语方式在泸县宋墓墓志铭当中也有所体现，如下表。

泸县宋墓墓志移民历史源流统计[16]

墓志铭	墓志时间	祖籍来源	墓主身份	身份表现	家庭情况
《泸南诗老史君墓志铭》[17]	元符二年（1099年）	"自唐尚书吏部侍郎严从僖宗入。"	乡绅士人	"诗老……少则笃学能诗。乃游泸州，杜门读书。士大夫之子弟多委束脩于门，遂老于泸州。""既晚不及仕进，闲居无一日废书，尤刻意于诗。""镇有文行，泸州学者宗之，竭力大事而来诸铭，遂铭之。"	"夫人杨氏生二子：锐、镇。""一女嫁进士玉庸。""继室杜氏生四子：铸、铜、镐、铨。"
《合江侯居士墓志铭》[18]	绍兴四年（1134年）	由开封（今河南省开封市）入资中（今四川省内江市资中县）"其先资中人，曾祖光，祖继迁，父贯，皆晦德不仕。继迁因游泸州，过安乐山，爱之，遂徙居为合江人。"	官宦人家	"识者重其言，乐于教子，储书满屋室。辟黉宇招名士教导。由门馆登第者三数人。""一日无客则不乐，喜酒健啖至老不衰。能则人之急。贫者随宜给济；病者奉药粥；死者具棺含殓以葬。有求墓田者，不取一钱与之。"	"生五子，长曰甸，早卒；次曰时英，承节郎；次曰时升、时敏、时用，皆业儒有望。一女适进士李兢厚。"[19]
《宋于祠君墓志铭》[20]	绍兴八年（1138年）	吉州（今江西省吉安市辖区）或定羌（今山西省忻州市保德县）	乡绅士人	"公为一乡之善士也，嗜货殖，既富矣，涛南北，与人交。"	"正寝先配李氏，再配程氏。""生一子曰璟苍□□，（唐）祥、远夏、正民、张婺皆士族。"
《马无新墓志铭》[21]	绍兴二十二年（1152年）	鄜州（今陕西延安市富县）	乡绅士人	"娶三婚。"	"初娶元氏，继室刘氏，又娶赵氏。""男四人：彦山、彦庭、彦回、彦时。""女一人，小二娘，李顾家，孙李义"
《古德骏墓志铭》[22]	淳熙三年（1176年）	"衡国（今陕西旬邑县）古氏，家怀安（四川省成都市金堂县）八世，号望族。"	乡绅士人	"衡国古氏，家怀安八世，号望族。""父故岳池县令。""事母孝，与人忠，（救济）邻里之急，贷（借）族党之乏，尚气节，重然诺（信义）有君子之风。"	"母白氏泸川人。""奉版舆归拜诸舅舅，以子妻君□□□，绍兴初也。""二子曰训……业儒，一女适泸川进士冉常。"
《陈鼎墓志铭》[23]	淳熙十三年（1186年）	大宁（今山西临汾市大宁县）	官宦人家	"宋故陈公讳鼎……陈公官至承奉郎。"[24]	"亦既有子班簪裳。"
《宋太安人姜氏墓铭》[25]	嘉熙二年（1238年）	通州（今江苏南通市通州区）	官宦人家	"赠典需聊翩。"	"侄子承议郎通州（籍）长宁军事五品（以下）李有撰。"
《张氏族谱》石刻[26]	嘉熙三年（1239年）	资中（今四川省内江市资中县）	官宦人家	"娶刘氏鹿丘之士族同立门户，粗有成，工诗书，世业仅得不坠，卜于宝屏乙山之原，营彻寿堂山"。"特补将仕郎。"[27]	"娶刘氏……悦四子：辅之、酉孙，江孙、灿孙，四女长适化元王定孙，次义泉吴泰之，次鲁溪李延桂、季尚幼。酉孙以乙未岁忝传。"

泸州宋墓石刻中的"四神"形象[28]

表中的移民家族墓志铭对墓主身份的撰写都注重表现墓主区别于一般平民的身份，在乡里以德行著称，同时可见宋墓主人们的家族在泸州地区通过经营呈现出人丁兴旺的景象。最典型的要属《泸南诗老史君墓志铭》的主人公史扶了，其人在乡里镇有文行，品行正直，与有挟势利而求交者，虽邻不觊。前后两任妻子，六子一女。其墓志是由北宋著名的文学家、书法家黄庭坚为之撰写的。在另一则《古德骏墓志铭》中记载其墓主古骥的父亲古亶所娶白氏为泸川县人，而白氏极有可能是当地的著族大姓。[29]其女儿嫁予泸川进士冉常，与泸州大姓士子的联姻从侧面反映了古氏家族在泸州地区的影响力。

上述墓主在身份上都符合对泸州民风"其士业书，其民业农"[30]的描述，反映出数代定居生活的汉人移民、长足发展的商品经济以及尚文崇儒的社会风气是泸川县出现大批该时期中小型墓葬的主要社会因素[31]。在泸州周边也可见移民家族通过族谱叙述家族历史，这些家族有着自己一套叙述结构，结合当地的文化资源，构建起了将迁入家族纳入为文教之乡缔造者之一的叙事过程。

泸州以西的长宁县从北宋政和四年（1114年）起，已开始置于中原朝廷的管治之下，其中最重要的因素就是淯井的占领与开发。大批驻军屯民随之而来，同时食盐的开发也带动了长宁地区文教事业的发展。据嘉庆《长宁县志》卷3《学校》载，"宋代已有圣庙，儒学署。淳祐间，史学斋先生来守是邦，常振新之。"元泰定四年（1227年）时，因至元乙酉年（1285年）之燹方平，太守蓝璿重建。后任叙州太守李杲、刘昭德皆捐俸禄重建。[32]

据长宁县的《周氏族谱》记载，明代大儒周洪谟的先祖本是江西宁县人（宁州为元时所

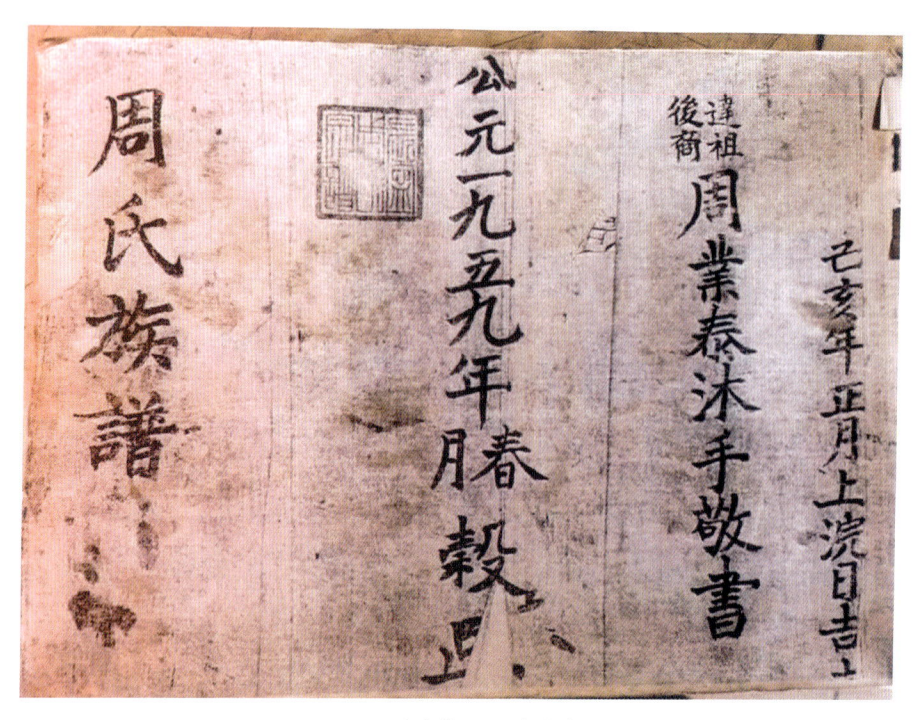

图2　周氏族谱（1959年抄本）

改，今为修水、铜鼓一带），先人蜀至资阳县。至周洪谟的八世祖周大一，在宋高宗绍兴十一年（1141年）迁入长宁军。七世祖周惠任职长宁军知军，六世祖宝曾任职长宁军教授。五世祖寿翁、高祖丙传，皆以德义推重乡里。周氏几代人在长宁地区文教传家，直至第十八世的周洪谟在明正统十年（1445年）进士及第，被官授翰林院编修进入朝廷。[33] 按照族谱的叙事结构，周家几代先祖的文教诗书传家才有了周洪谟这样一位西蜀儒学家。这样的叙事都在有意无意地突出文教科举对于振兴周氏家族的作用。

在泸州东边的合江县，文教科举在宋代已经兴盛，合江县先氏家族的科举事迹就是一例。泸州先氏族人在东汉前迁入泸州，在魏晋时期即当地大姓。唐德宗时先氏家族有先汪荣登进士，后授官"符阳县尹"，被先氏后人尊奉为家族"始祖"。北宋时，先氏家族的情况被记载于宋人曹叔远的《江阳谱》中：泸州合江县白芳里的先氏的先罕、先诏父子与其姻亲家族尹氏的尹咸、尹敏道、尹纯道父子三人一同科举及第。这样难得的科场盛况引起乡里震动，原本盛产荔枝堪称最富的白芳里也被改名为衣锦乡。先氏父子在告慰祖先时并赋有《上塚诗》以表达他们登科光耀门庭的喜悦心情[34]。南宋时，先氏族人的科场业绩是这样被记述的：

> 宋开庆元年进士先甲龙者，符县令汪公之裔孙也，以乡举登进士第。常以祖宗之训教授族人，故一时相继而登进一第者，则有登荣、拱望、南巽诸人焉。甲龙公卒，以德化可风，崇祀泸州乡贤。[35]

而据学者考证，合江县先氏登科者应只有三人：先甲龙、先登荣、先拱望[36]。三人在现存县志的版本中均为"开庆（1259年）进士"。

图3 江安县安济庙旧影

但应以先甲龙为先,其后两人才登科,这才符合先甲龙在《先氏族谱序》中:"以祖宗之训教授族人,故一时相继而登进士第者"的描述。故先登荣与先拱望应属开庆年之后,先甲龙在乡里声望极高,地方政府"以德化可风"将其请入泸州乡贤祠。而先南巽是泸川县宜民乡人,于宝祐四年(1257年)荣登进士,并非合江进士,其登科的详情具被记载于《宝祐四年登科录》当中。但在明代《先氏族谱》中却将其一并收入并称"合江四进士"。由于当时的泸州地处宋朝的西南边地,先氏家族又少与内地达官显宦名流文士往来。虽有登科的先氏子弟,但在朝廷中却未见显达。明代先氏族人整合宋代资源,以凸显先氏家族在宋代对当地的文化传播与文化改造的贡献。

通过上述的几个家族的事例可见,迁入移民的几个家族都是利用当地存在的文化资源进行整合,将其融入追溯先祖的历史叙述当中,使该家族成为文教之乡的缔造者之一。

三、改造附会信仰与本地身份认同

宋代是地方性神灵大规模出现并得到官方认可的朝代,土主信仰是在宋代四川地区盛行的地方信仰习俗之一。在川南地区,地名中包含有"土主"的地方不在少数[37]。官方会册封地方信仰作为手段改造地方文化信仰,为移民的迁入和发展提供信仰上的依据[38]。

以江安县为例,在该处有安济庙(又称五龙庙),俗名土主庙,创建于宋端拱年间(988—989年),端平初(1234年),县令张文省率民兵御九丝蛮,祷于神有功,宋理宗赐额"安济庙"。到了宝祐元年(1253年)再加封并赐文,其文曰:

> 敕泸州江安县安济庙土主五龙神,嘉泽侯等,汝号五龙神,岂其兄弟耶?泸江在天西南隅万里外,比苦掳扰,朕念其民,顾而忧之,故乐得忠义之家,相与保护,此土神也。有灵克助佑焉,朕之愿也。[39]

安济庙的前身亦被记载于嘉庆《江安县志》中,据记载土主庙的旧址出土了一方碑刻。进一步补充了五龙神原本为当地夷人信仰的信息:"当是蛮酋所僭封者,郑等盖因转运使上言祷神有功,故宝祐元年议赐敕正名,封为侯爵。"并记载安济庙前情形:

> 诸神祠[40]不载,大约五方土神耳。庙前殿有六喊神,跣足袒臂,椎髻珥耳,各执刀椎,气象威猛,类古蛮酋;有一神衔刀,双手持剖胸处,露心以示人。前志不载,不知所起。[41]

安济庙作为官方赐敕正名的神祠,在前殿的六喊神祇形象却是夷人形象。该神本应该是夷人的信仰,如今却出现在保佑地方平安的神祠当中。而"安济"一名本意就在于"江安平安,仍济难于无事"之意。安济庙此后便成为当地的重要神祠,以至于碑刻林立,古迹甚多。而江安"先有庙,后有城"的说法也由此产生。官方利用夷人信仰镇抚地方,容纳夷人文化,以此缓和移民与夷人之间的矛盾。同时在赐文当中也说明册封目的是保佑子民免受北方蒙古政权的袭扰。附会或改造神明信仰在宋朝是常见的行为,不仅官方会对地方神明信仰利用改造,普通的百姓人家会也会采取这样的手段。

这样的行为也可见于泸县宋墓的《张氏族谱》。相较于前面的周、先两家,张氏家族并无登科者。张氏族人采取了附会神明为祖先的方式以彰族名的策略。有学者指出在石刻的开头

图4《张氏族谱》石刻 藏于泸县宋墓石刻博物馆

部分张氏子孙追溯自己的家族乃"灵应帝君之后",然而在崇尚道教的宋代,这样的追溯叙事比较常见[42]。甚至还有学者指出"清河灵应帝君"指文昌帝君梓潼神张恶(亚、蜑)子[43]。"清河"源于其父张户老"清河叟"的名号[44]。此神为蜀地民间信仰的神祇,主掌文运科第之事,多为儒生、文人阶层尊信[45]。南宋时,泸州曾发生梓潼神灵应事件。绍熙三年(1192年)七月,泸州骑射卒张信等人发动兵乱。梓潼神白日现身于阅武堂吓退叛军[46]。张氏家族与梓潼神同姓,伪托梓潼神为其先祖,借助梓潼神信仰抬高本族在籍地的地位。

另外这些泸州的移民家族也经历了四川诸多史事,对此他们往往会追溯自己祖先在这些历史当中的作用与影响。靖康元年(1126年),金军渡河南下勒索北宋朝廷索要财物。三月,北宋朝廷"括借金银,籍倡优家财",四月癸丑"减宰执俸给三之一及支赐之半",五月丁卯,"诏天下有能以财谷佐军者,有司以名闻,推恩有差"[47]。在《合江侯居士墓志铭》当中面对国家危难，墓主侯居士认为："方时艰虞，智者献谋，勇者竭力，富者出财，其为忠义一也。私藏无益，孰若推之少资国计邪？赏则吾不觊也。"毅然将家产捐给国家，事后其次子被授官承节郎，而居士仍告诫其子："汝以忠义得官，当思其名以报效。"相比于其他宋代入赀补官的富民，侯居士的家国责任感让侯家的格局得以拔高。

泸县宋墓的《张氏族谱》的主人公张悦，他在端平二年（1235年）帮助当时监军、四川制置使赵彦安顿残兵败将有功劳，又过了五年，嘉熙四年（1240年）接受四川安抚副使彭大雅的命令，买进军粮，为战争屯集粮食。所以彭大雅为他请功于朝，朝廷封他为将侍郎，正九品官[48]。虽说是低阶官职，但平民子弟能凭此步入仕途，张氏子孙蒙恩刻碑建造寿堂。

先甲龙的长子先坤朋，则在德祐二年（1276年）南宋抗元斗争中，协助张珏充当泸州内应，执杀梅应春，收复了神臂城[49]。事后张钰向朝廷表奏先坤朋与刘霖，二人得以进入幕府参谋，协助张钰抗元保卫泸州。德祐三年（1277年），先坤朋临死前也曾嘱咐其子先有贞"恪守父志"："吾观近日天道，宋祚殆不久矣，我先氏世受国恩，有死无二。蒙古乃君父仇，他日来主天下，汝等幸勿屈身事之，以玷祖先。"[50]宋元之际的泸州饱经兵燹摧残，这些移民家族的子孙后代们，通过族谱中对先人保卫家园反抗外族入侵的记述，来加强了他们的后人对泸州本地人身份的认同。

四、结语

宋代泸州在宋徽宗颁布的诏书中被称为"西南要会"[51]，其政治经济地位在朝廷与日俱增。大量人口的迁入，使得当地得到了较大开发。商品经济的繁荣发展使移民们通过商业手段站稳了脚跟，他们良好的经济条件，使得他们能够将北方墓葬文化、造价不菲的石制墓以及精美的石刻传入泸州地区，以表达对子孙们的庇佑之情。此外，移民家族后代子孙也整合当地文化资源来构建起一套文教诗书传家的叙事方法，结合祖辈在经历国家危难时保家卫国的事迹，最终使得家族历史对泸州的记述，由此前的化外之地转变成了文教之乡。迁入家族的子孙们也实现了缔造者这样的群体历史记忆。

注释：

[1] 谭红：《巴蜀移民史》，巴蜀书社，2006年，第158页。
[2] 谭红：《巴蜀移民史》，巴蜀书社，2006年，第161页。
[3] 李世平：《四川人口史》，四川大学出版社，1987年，第107—129页。
[4] 刘复生：《"泸县宋墓"墓主寻踪——从晋到宋：川南社会到民族关系的变化》，《四川大学学报》2014年第6期。
[5] 四川省文物考古研究院：《泸县宋墓》，文物出版社，2004年，第136—144页。
[6] 《宋于祠君墓志铭》，泸县福集镇文昌宫村出土。
[7] 傅宗文：《宋代草市镇研究》，福建人民出版社，1989，第225—231页。
[8] 泸县宋代石刻博物馆、泸县文物中心：《泸县宋墓石刻》，四川师范大学出版社，第108页。
[9] 苏轼：《东坡志林》卷七《书温公志文异圹之语》，乾隆四十七年（1782年）文渊阁四库全书。

[10]《宋于祠君墓志铭》，泸县福集镇文昌宫村出土。

[11]《马无新墓志铭》，现藏于泸州博物馆。

[12]《古德骏墓志铭》，泸县喻寺长岭埂墓群出土。

[13] 韩小囡：《宋代墓葬装饰研》，山东大学博士论文，2006年。

[14] 李伟、任江：《四川泸县宋墓三通碑志石刻略考》，《四川文物》2015年第2期。

[15] 详参《宋故牟百君墓碑》碑额款书："宋故牟百君墓庆元□年十一月四日"（泸县潮河红兴村出土），以及《有宋刘夫人墓碑》：有宋刘夫人之墓，"先妣生于癸卯卒于庚子"，后注有祀男名。二则墓葬墓志较为简单，是平民墓葬。

[16] 徐朝纲主编：《泸县宋墓石刻》，成都：四川师范大学出版社，2020年。本表格据此文第二章《泸县宋墓石刻的年代》、第六章《泸县宋墓墓主探讨》、第七章《泸县宋墓墓志考释》整理。

[17] 王禄昌等，泸州市人民政府市志办点校：《泸县志》卷七《艺文志》，民国27年刊讫，第58页。

[18]《合江侯居士墓志铭》，合江县榕右乡永安村出土。

[19] 承节郎：武阶名，属小使臣八阶列。北宋政和二年九月二十五日，由三班奉职改。绍兴厘定入品武阶五十二阶之第五十一阶，位次于保义郎，从九品。参考《宋代官制辞典》，第596页。

[20]《宋于祠君墓志铭》，泸县福集镇文昌宫村出土。

[21]《马无新墓志铭》，现藏于泸州博物馆。

[22]《古德骏墓志铭》，泸县喻寺长岭埂墓群出土。

[23]《陈鼎墓志铭》，泸县奇峰罗盘嘴墓群出土。

[24] 承奉郎：为宋代不常参的低级文官，官品有从八品、正八品正七品，详参《宋史·职官志》另一说：由太常寺太祝、奉礼郎阶改。为文臣京朝官寄禄官三十阶之第二十九阶。正九品。为执政官荫子初官。参考《宋代官制辞典》，第573页。

[25] 四川泸县宋代石刻博物馆藏。

[26]《张氏族谱》石刻，泸县牛滩施大坡出土。

[27] 九品官：将仕郎选人阶名。北宋徽宗崇宁二年九月二十五日，由判司簿尉阶改名，属崇宁新阶第七阶（《宋会要·职官》56之25）。政和六年十一月，改将仕郎为迪功郎，易假将仕郎为将仕郎，属政和选人十阶之第一阶，用以奏补未出职之吏人（《宋诏令》卷164《改将仕郎等御笔手诏》、《宋史·选举志》4）。简称将仕。《齐东野语》卷17《景定行公田》："加以登仕、将仕、校尉……孺人告身。"《宋诏令》卷164《改将仕郎等官名御笔手诏》："假将仕郎可去'假'字，与初官人、犹未入仕，可为将仕郎。"详参《宋代官制辞典》，第577页。

[28] 上述青龙白虎玄武朱雀石刻藏于泸州石刻艺术博物馆。泸州石刻艺术博物馆和泸县宋代石刻博物馆内均藏有大量宋代泸州石刻。

[29] 李伟、任江：《四川泸县宋墓三通碑志石刻略考》，《四川文物》2015年第2期。据《永乐大典》所录宋人曹叔远的《江阳谱》，泸州倚郭县泸川县忠信乡南岸里第四都、第十四都均有名为"白村"的村落，可能是以族姓命名的宗族聚居村落。第十一都有名为"白市"的草市镇，得名可能与附近的白姓宗族聚落有关。显然白姓是该县的著族大姓。"泸川县进士冉常"史籍失载，可补《宋登科记考》一书之阙。

[30] 李兰胎等撰，赵万里校辑：《元一统志》卷五《四川等处行中书省》，中华书局，1966年，第528页。

[31] 李伟、任江：《四川泸县宋墓三通碑志石刻略考》，《四川文物》2015年第2期。

[32] 嘉庆《长宁县志》卷3《学校》慎思堂藏板。

[33]《周氏族谱》，四川长宁县周氏家藏本。

[34] 解缙等撰:《永乐大典》卷二二一七《泸州·乡都》,原本第十八至十九页,中华书局,1986年影印本,第632页。
[35] 摘自成化九年(1473年)《先氏族谱》序言部分,族谱抄本现存卷于合江县志办公室。
[36] 粟品孝:《宋末泸州抗元义士先坤朋家世考略》,《地方文化研究辑刊》2018年第1期。
[37] 按据下文:以土主作为行政区划地名在巴蜀一带有四川乐山市市中区土主镇、四川省宣汉县土主乡、四川省泸县土主乡、四川省内江市东兴区大治乡土主村、重庆市合川区土主镇、重庆市沙坪坝区土主镇等。
[38] 张泽春:《巴蜀地区土主信仰略谈》,《长江文明》2015年第19辑。
[39] 嘉庆《江安县志》卷二《坛庙》。
[40] 脱脱等撰:《宋史·礼志》卷一百六《诸神祠》,中华书局,1977年,第2561页。
[41] 嘉庆《江安县志》卷二《坛庙》。
[42] 郭可夫:《泸县石室宋墓出土〈张氏族谱〉考释》,《泸州文物》2003年第2期。
[43] 李伟、任江:《四川泸县宋墓三通碑志石刻略考》,《四川文物》2015年第2期
[44] 《清河内传》,载《道藏第3册》,文物出版社、上海书店、天津古籍出版社,1988年,第286页。
[45] 虞集:《四川顺庆路蓬州相如县大文昌万寿宫记》,《巴蜀道教碑文集成》,四川大学出版社,1997年,第175页。
[46] 李伟、任江:《四川泸县宋墓三通碑志石刻略考》注释:岳珂误系于绍兴二年(1132)。今据《宋史》、《续编两朝纲目备要》改正。a(宋)岳珂撰,吴企明点校:《桯史》卷三,第27页,北京:中华书局,1981年,第27页;b(元)脱脱等:《宋史》卷三六《光宗本纪》,第703页;c(宋)佚名编,汝企和点校:《续编两朝纲目备要》卷二《光宗皇帝》,中华书局,1995年,第27—28页。
[47] 脱脱等撰:《宋史》卷二十三《钦宗赵桓》,中华书局,1977年,第428页。
[48] 引前文《张氏族谱》石刻。
[49] 脱脱等撰:《宋史》卷四五一《张钰传》,中华书局,1977年,第13282页。
[50] 摘自成化九年(1473年)《先氏族谱》序言部分,族谱抄本现存卷于合江县志办公室。
[51] 宋徽宗宣和元年三月十五日诏,刘琳等校点:《宋会要辑稿》方域七《州县升降》,上海古籍出版社,2014年,第9406页。

非遗音乐文化传播中沉浸人的生存特征
——以"坡芽歌书"传承人为例

邓 莎

(西北民族大学)

摘要：本文以"坡芽歌书"传承人为研究对象，从民族音乐学、沉浸文化传播角度，运用文献法、举例分析法，对非遗音乐文化传播中沉浸人的生存特征进行探赜。文章先从沉浸式传播和"坡芽歌书"文化语境两方面对沉浸人所生存的文化语境进行阐释，再论证了沉浸人的生存特征，即"与歌为伴"、"与媒介共存"、"传承与被传承"三大特征。

关键词：沉浸传播；生存特征；传承人

坡芽歌书，是坡芽村民用仙人掌汁液，记录在土布上的壮族民歌集，共记录了81幅图画，这81幅图画对应81首情歌。对于"坡芽歌书"非遗来说，除了农凤妹、农丽英等国家级非遗传承人，这里的村民们都可以看作是歌书的传承者，在扮演"传承"角色的同时，这里的传承人也扮演着"被传承"的角色。笔者以沉浸文化传播的视角，通过音乐人类学意义的研究方法，揭示并论证民族民间音乐持有者、传承者个体在沉浸文化传播中的生存特征。

一、沉浸人的文化语境

(一) 沉浸式传播

"沉浸式传播"概念最早来自2009年第34届声学、语言和信号处理国际会议。会议将沉浸传播作为四大主题之一。在国内，李沁在《沉浸传播与"第三媒介时代"》中将其定义为"以人为中心，以连接了所有媒介形态的人类大环境为媒介而实现的无时不在、无处不在、无所不能的传播。"[1]这一定义得到国内专家学者广泛认可。沉浸式传播的应用领域范围较广，在新闻、音乐、影视、文学等各个领域都有涉及。本篇所讨论的是在文化传播中的沉浸式传播，它既需要空间层面的"身临其境"，也需要意识层面的"心流体验"。总之，沉浸式传播以"人"为主体，随着虚拟现实技术的发展而发展。

(二) "坡芽歌书"文化语境

坡芽村位于云南省文山壮族苗族自治州富宁县，这里四季如春、山清水秀、物产丰富，民风民俗归属于右江文化圈。由于其地理位置和历史的特殊性，这个自然村在过去一直处于较为封闭的状态，形成了自成体系的稻作文化和民族语言文化。被称为"天籁之音""文字之芽"的"坡芽歌书"就诞生于此。坡芽歌书是坡芽村民用仙人掌汁液，记录在土布上的壮族民歌集，共流传下来81幅图画，这81幅图画对应81首情歌，讲述了一对壮族青年男女从相识、相知、相恋到白头的情感历程。值得一提的是，坡芽歌书是迄今为止发现的唯一用图画文字记录的民歌文献。当中图符有的选自文山一带的植物，如慈竹、龙眼、枫叶等，也有动物素材，如鸳鸯、火雀、鱼等，也有某个动作，如开口笑、种田地、牵手等。它形象地反映了当地的民风习俗、爱情故事和民族文化，有着独特的文学价值、文字学价值、民俗价值和音乐价值。

二、沉浸人的生存特征

（一）与歌为伴

壮族被称为"歌与诗的民族"，当地人认为唱歌是抒发情感的最好媒介，从四五岁就开始学唱山歌，形成"幼年学歌，青年唱歌，老年教歌"的习俗。"依歌择偶"更是壮族人民婚嫁民俗的真实写照。在坡芽村，淳朴善良的村民们日出而作，日落而息。在农闲时节，劳作以外，村民们以歌唱表达内心的情感，不管是在月下火旁，还是野外田间，都能听到他们绵柔、婉约的歌声。就以坡芽歌书来说，以一竹签，蘸上仙人掌汁液，在简陋的土布上画下八十一个图符，就能唱上整整一天。也正因如此，当地的山歌文化才得以长盛不衰，与人共荣，见证人们的悲欢离合。

根据《文化部关于公布第四批国家级非物质文化遗产项目代表性传承人的通知》，坡芽村坡芽情歌项目传承人农凤妹，入选为第四批国家级非物质文化遗产传承人，同村的还有农丽英被列为省级传承人。农凤妹自幼便跟随祖母和母亲学习坡芽歌书中的民歌。作为传承人，农凤妹对坡芽情歌的深情吟唱，时而高亢嘹亮如高天流云，时而低柔缠绵似小河淌水，打动过数不清的采访者。她可以用"呃哎调""大河边调""赞歌调""戈麻调"四种曲调唱坡芽情歌，每种曲调都能唱出不同的韵味和风格。

（二）与媒介共存

1. 原始媒介

传承人与原始媒介共存具体体现在口语和图符两方面。壮族民歌大多是通过"口传心授"的方式传授，因此口语是必不可少的媒介。不光是"坡芽歌书"，诸多民间传统音乐的传承传播都体现在这种世代相传和师承关系中。在上述这种传播空间中，没有任何技术媒介和智能媒介的参与，是最原始的传播方式。坡芽歌书传习是一种口传为主，辅以图符记录的文化传承方式。因此，坡芽歌书在长期生产实践中成为壮族人对本民族文化习得与传承的重要媒介，或者说坡芽歌书本身就是一种媒介。坡芽歌书整体形式是相对松散的，因此不能将其看作乐谱，反而具备一定"大众传播媒介"的某些属性，比如可以存储，也可复制。在村中随处可见81个歌书图符，在入村道路两旁，文化广场舞台的背景，以及传习馆的墙面都有此图符展示在众人面前。此图符作为一种图画符号，通俗易懂，人们通过学习和解读坡芽歌书的符号来接受本民族的传统习俗。由此可见坡芽歌书传承人是不能与口语、图符这类传统媒介分离的。

2. 大众媒介

传承人与大众媒介共存具体体现在与报刊书籍、广播以及电视共存。坡芽歌书被发现以后，各大报刊开始进行报道，农凤妹等传承人也经常接受如《文山日报》《七都晚报》等当地重要报刊采访。广播成本低，不受时空限制，当地50岁以上的老人很大一部分都有收听广播的习惯。此外，与坡芽村传承人息息相关的还有电视这一媒介，坡芽歌书正是因电视系列片《丽哉勐撩》在当地拍摄时，富宁县政府对全县壮族文化进行大普查时被发现的。此后又有了第一个报道"坡芽歌书"的电视节目《坡芽村：用象形文字记录山歌》。坡芽歌书传承人和山歌队也经常参加CCTV青年歌手电视大奖赛，并获得诸多奖项。可见电视这一媒介对传承人传承坡芽歌书也起着至关重要的作用，如果电视没有把歌唱比赛搬上屏幕，没有把纪录片搬上屏幕，人们就失去了了解坡芽歌书文化内涵，聆听坡芽歌书传承人吟唱的机会。

3. 新媒介

在坡芽村，手机已经是村民必备的交流工具，在手机百度上输入"坡芽歌书"可以搜索到上万条信息。在2016年，坡芽歌书合唱团赴俄罗斯索契参加世界合唱大赛，政府就利用手机进行直播，群众扫描二维码，关注"文山日报社"微信公众号，就可观看坡芽歌书合唱团的演出。"坡芽歌书"从发现到开发、从挖掘到推广、从原始山村到世界舞台的历程中，当地行政部门和研究者运用现代化大数据手段完成了歌书的搜集与整理、山歌的采录与保存、合唱团的组建与演出、项目的申报与立项、歌书的宣传与推广等工作。以上充分体现了数字化传播的便捷和当下民众的自媒体化等大数据思维。

（三）传承与被传承

所有会唱《坡芽情歌》的坡芽村民都是"坡芽歌书"这一独特音乐记忆的重要传播者。"坡芽歌书"一方面根植于当地的文化语境，另一方面又以文化自觉、文化自信为出发点，适应当今社会所趋所向，承载了广西壮族的音乐文化。坡芽村民对歌书的传承不仅彰显着传承人自己对本民族传统音乐文化的热爱和理解，同时也表达着自己独特的情感和创造。

农凤妹是富宁县"坡芽歌书"发展与传承的关键人物，幼年时期口传心授、耳濡目染习得的民间音乐曲调根植于心，在不得外界关注的环境下依旧不忘初衷，坚持对本土民间音乐的热爱。当"坡芽歌书"被发现并申遗成功，通过一系列"非遗"保护活动，形成了特有的文化标识，农凤妹也为非物质文化遗产贡献出了自己的一份力量。

在扮演"传承"角色的同时，这里的传承人也扮演着"被传承"的角色。在"坡芽歌书"传习馆，在富宁县的小学、中学都能听到"坡芽歌书"。当地人的音乐学习不是封闭式，而是通过模仿、口传心授等方式向传承者学习，是一种开放的、活态的传承方式。劳作之余，长辈们在火塘边吃饭或休息时，将生活中的经验常识、生产技能，以及壮族的礼仪规范等，通过教孩子们学习唱山歌、背诵歌词的方式供给下一代。练习对歌技巧也在这个空间中有条不紊地进行。伴随这种基于生活现实情境，不断传承与发展的方式，壮族文化被烙印在坡芽村民内心深处。每年的传统节日，如春节除夕、"三月三"，坡芽村人都要舂糍粑，一边舂米一边唱歌，村中回荡着舂米声、歌声、欢笑声，气氛十分欢快热烈。孩子们也在这样的环境中潜移默化得对"坡芽歌书"进行了传承。

结语

笔者以沉浸文化传播的视角，通过音乐人类学意义的研究方法，揭示并论证民族民间音乐持有者、传承者个体在沉浸文化传播中的生存特征。从沉浸式文化传播、"坡芽歌书"文化语境两方面对沉浸人所生存的文化语境进行阐释,并对沉浸人的生存特征进行论证。通过以上论证发现其生存特征是通过与生俱来的族群内力与社会外部诸多外力互相构建的,分别体现为"与歌为伴""与媒介共存""传承与被传承"三大特征。保护"非遗",特别是保护少数民族"非遗",其根本目的是传承,但重要途径还是传播。由于沉浸式传播者直接体现出"非遗"与现代文化的有效连接,通过对传承人生存特征的研究则更能洞察出非遗音乐文化在沉浸传播中的活态意象。

注释:

[1] 李沙沙:《沉浸式传播研究综述》,《采写编》2022年第5期。

台江县长滩村"吼呗节"调查报告

杨桂花

（贵州民族大学）

摘要：中华民族节日众多，数不胜数，每个民俗节日都具有丰富的含义。此报告调查的对象是台江县长滩村"吼呗节"。文章以田野调查为基础，阅读相关文献，剖析其在当代社会的价值与作用，突出"吼呗节"所展现出的敬天爱人、以和为贵、互相关爱的高贵品格。

关键词：长滩村；吼呗节；文化内涵；保护与发展

中华民族具有悠久的历史文化，在长期发展过程中保留着灿烂的文化遗产，有各种技艺类、节日类的无形文化遗产，也有遗址、故居等不可移动的有形文化遗产，共同组成了中华民族优秀绚丽的文化。"吼呗节"是贵州省黔东南州台江县长滩村村民纪念先祖早期开辟家园、寻求生存与发展空间的艰苦岁月的独特节日。本文探讨其缘由、分析过节情景，剖析其文化内涵并展望其发展态势。

一、长滩村简介

（一）基本情况

长滩村位于老屯乡南侧，濒临秀美的巴拉河，距县城 22 公里，乡政府驻地 3.5 公里，辖 3 个村民小组，共 308 户，1125 人。长滩村是一个拥有十四个姓氏的苗族村落，最早来到长滩的是姜家、龙家、刘家、杨家，而这几家也是长滩村的大家族。长滩苗族同胞善以歌传情、以舞为媒，用生命书写下了灿烂的苗族文化，传承下了鼓藏节、姊妹节、敬牛节、龙舟节、吼呗节（一说花脸节）、苗年节等具有浓郁苗族文化特色的节日[1]。

（二）"长滩"的由来

相传，清水江、巴拉河流域一带的苗族同胞每年秋收、秋种后，大人都会身着盛装，通过"爬天梯"去"天上"参加芦笙会，孩童则被留在家里面。而这个时候有一个"务相"（另一说是老虎变成的老奶奶，也称之为"老变婆"）变成孩童阿仰的母亲，进入阿仰家，吃掉了阿仰的弟弟。阿仰和妹妹为了通知家里的大人求助于知了（蝉），但是知了太重了，难以展翅高飞，阿仰就把知了的内脏挖空，并约定在回来之后把内脏还给知了。于是，知了就飞到天上通知阿仰的父母。当大人听到这个消息的时候，都急匆匆地赶回人间来，但由于人太多，没有秩序，产生拥挤，在下到天梯的一半时，天梯不堪重负，坍塌散落在巴拉河周围。这个散落的天梯即为长滩，苗语读为"shangtang"（谐音"尚趟"），长滩即苗语"shangtang"的谐音翻译。长滩村由此得名[2]。

二、吼呗节的由来

长滩村在每年的农历七月第一个巳日举行吼呗节，又称哝贝节。节日当天，长滩村群众互相到对方家讨要鸡、鸭、鱼头、糯米、米酒等物品，在讨要期间，群众互相之间用锅底灰抹脸，祈求风调雨顺。有关于吼呗节的由来，经调查发现有两种说法。

（一）龙、刘两家砍树做祭祀木鼓说

相传以前长滩村刘家和龙家都去砍梧桐树制作祭祀的木鼓，然而砍木材当天，龙家起得晚，能够做木鼓的梧桐树被刘家砍走了，龙家只捡到枝丫，就把树丫拼凑做成木鼓，但树丫做成的鼓音效不佳，对祖先也不敬，无可奈何只能做成酿酒桶，酿酒祭祀龙家祖先。由于酿出的酒醅实在太香，刘家和附近村子的村民都闻到香味。祭祀当天，他们都来讨要龙家的酒醅去分享。龙家热情好客，就挽留前来的人吃饭喝酒，等他们酒足饭饱之后，刘、龙两家为了活跃气氛，装作失态，用锅灰、烟灰相互涂抹。闻讯赶来的村民逐渐增多，并参与进来。此后，村子里面一直保持这个习惯，用于表示好客与祝福。被抹得越多，表示客人得到的祝福也越多，也更体现主人家的热情与好客。因为文化圈和生存圈相同，村子里的其他家族也被感染，于是形成吼呗节。

（二）长滩"地肥人善"说

相传以前这个地区十分贫瘠，粮食产量较低，每到七月农户家里没有余粮，而田地里的庄稼还未成熟。但是长滩村因为有巴拉河的孕育，每年都大丰收，所以每年七月长滩户户有余粮，其他村的村民就来长滩讨要粮食。改革开放后，人民都富裕起来了，为了纪念以前那段艰苦的岁月，就形成了现在的吼呗节。

三、吼呗节的经过

（一）祭祀

在吼呗节当天，准备好饭菜之后，吃午饭之前，要有一个简单祭祀仪式。首先，取三炷香，先插在香炉里，再数任意的纸钱烧在香炉前面的地上。随后，要在每一扇外门（通向屋外）的门两侧，各插三炷香，在每一处插香的地方的前面都要烧若干张纸钱。如果门前有桥和大路的话，还要在桥头和路口插上三炷香。

（二）活动

下午两点钟进行"千人踩鼓场"活动，一般活动地点在村口的踩鼓场。表演队伍众多，不只限于长滩村，整个台江县都可以报名参加，所以来参加报名的队伍众多，有六河小寨、台江民间歌舞协会、台江溪江一号健身队、巴拉河上寨、巴拉河下寨、平兆上寨、平兆下寨、台江苗歌协会、偏寨上寨、偏寨下寨等三十多支表演队。

在踩鼓场上，几百人穿着苗族民族盛装。每支队伍跳完舞之后就挑起竹篓进村"讨贝"，"讨贝"的队伍有一个敲锣的，一个打鼓的，走到村民家门口时就会敲锣打鼓以及唱歌，提醒主人家他们要来"讨贝"了，让主人家做好准备。在进门时，主人家往往就会拿起锅灰抹在"讨贝"队伍的脸上，表达着对外来客人最真挚的祝福以及欢迎。脸被抹得越黑就表示客人越受欢迎，收到的祝福就越多。紧接着抹锅灰环节非常精彩，人们将传统的锅灰倒入一定的菜油与其搅拌，抹于两个手掌上，走村串寨，这一天不管男女老少、长幼尊卑，看到人都可以抹，被抹的人也不会生气。抹锅灰时往往乱作

一团，就像打雪仗一样，一个队伍或者几个队伍相遇也可以互相抹，如果有人没有成功，也可能会被同队伍的人"下黑手"。一时间，敲锣声、打鼓声、尖叫声、吵闹声、脚步声融为一体，一派其乐融融的景象，好像四面八方都是亲戚朋友，这也充分体现了长滩村苗族同胞的热情好客。

进门之后主人家为客人端酒杯，客人在拿酒杯同时要唱祝福歌，唱完之后才能喝酒，走时主人家还会给客人糯米、鸡头、鸡爪、鸡翅、鸡腿、酒、钱（钱的数量不作规定）这几样中的一个东西。以前当一个队伍来"讨贝"时，有糯米就送糯米，没有糯米就送鸡头，没有鸡头就会送鸡爪，以此类推。糯米饭一般都要染成三色以上。现今长滩村村民生活蒸蒸日上，当有人来"讨贝"时，主人家一般都会送一碗熟的糯米饭和一些钱。

"讨贝"之后，各个队伍稍作休息。晚上九点整在踩鼓场举行一场盛大的苗歌晚会。苗歌晚会观者如云，有外来的游客，也有来自台江各个村寨的人。苗歌会非常精彩，有现代舞蹈、传统民族舞蹈，压轴的当属最后的苗族原生态歌曲。苗族歌舞在这场晚会上熠熠生辉，晚会上为观众表演的舞蹈队就有二三十支队伍，最后观众和舞蹈表演者都在苗族歌曲的氛围里载歌载舞，在几首原生态苗族歌曲表演过后晚会正式结束。

四、吼呗节的文化内涵

"传统节日从文化内涵、节日符号载体到节日仪式活动，都是一个相互关联的有机整体，缺一不可。"[3]我国传统节日蕴含着注重血脉、敬天爱人、以和为贵、崇尚团圆等特质，与我们这个时代的精神气质一脉相承。吼呗节同样如此，通过节日仪式、活动过程来表达当地同胞的热情好客、以和为贵、敬天爱人的思想文化。

（一）饮食文化

民以食为天，在中国的传统节日中，几乎每一种节日文化都体现出饮食文化，不同的节日饮食结构不同，饮食似乎是节日的缩影和代名词，例如提到粽子，人们就会想到端午节，看到汤圆，人们就会想到元宵节[4]。吼呗节同样也是如此，节日当天，村民们煮花色糯米饭，准备鸡、鱼、鸭等食材，等着"讨贝"队伍敲锣打鼓地进入家门"讨贝"，人们会把鸡头、鸡爪、鱼头、鸡蛋、糯米等送给"讨贝"的队伍，用于祈求丰收以及安居乐业。据当地人所说，他们看到相似的饮食文化都会想起长滩村吼呗节的场景，达到"以食代节"的效果，基于吼呗节特有的饮食结构，形成了独特的饮食文化，具有节日饮食文化品牌化的特征。

（二）祭祀文化

自古以来，中华民族就产生并保留着各种各样的祭祀活动，最早有文字记载的祭祀活动可追溯到青铜器时代。长滩村吼呗节的祭祀活动体现的是一种民俗文化，对村民而言，是一种心理慰藉。吼呗节当天，村民会在家中进行简单的祭祀仪式，告慰祖宗，同时也期望能够得到祖宗神灵的庇佑，让后代子孙衣足饭饱。此外，如果哪一家的门前有桥或路，主人家会在桥头或路口插上三炷香，起到给"离去"的人领路，使其得到"香火"的作用。

（三）精神文化

吼呗节是在特殊环境下形成的。正如上文所谈及的，一是由于龙、刘两家在寻找树木做鼓的问题上产生一点儿故事，两家采用巧妙的方法来解决这个问题，通过抹锅灰活跃气氛达到以和为贵精神。二是长滩因为有巴拉河的孕育，雨水充足，土地肥沃，人们吃穿不愁。附近的人认为长滩有神灵庇佑，纷纷来长滩"讨贝"，沾点福气。当然，长滩的村民们都是热情好客的，知道这种情况后，就约定了具体一天附近的人可以来"讨贝"，把福气传给他们，其中也有帮扶救济的含义，体现了邻里之间的和平友爱，这与当下提倡的以和为贵、互帮互助的时代精神是一脉相承的。

五、吼呗节的保护与发展

传统节日是我国非遗文化体系的重要组成部分，代表了文化的多样性，凝聚着中华民族的精神文明[5]。贵州省黔东南州节日众多，但吼呗节独属台江县长滩村，它具有独特的魅力和丰富的内涵，亟须保护和传承。

（一）吼呗节场景数字化

吼呗节活动场景元素丰富，对这些元素进行系统分析，提取可操作性较强的元素进行数字化，模拟真实场景（图1），例如，吼呗节最经典的"讨贝场"景和抹锅灰场景。录取视频后，用编码程序对视频进行分解，以动态化人物为原型，利用数字化进行表达出来，包括制作吼呗节节日动画、VR 全景相机、云体验、建立专业性网站等。以吼呗节"云体验"为例，VR 技术能够促进游客沉浸式体验，其技术核心效果就是人际交互体验，从平面直观视觉上升到 720°全景环绕的虚拟效果[6]。吼呗节可以依托贵州强大的云计算技术为支撑，开发 VR 技术的服务功能，达到提高人们对民族节日文化的认知效果。

（二）打造吼呗节风情园

民族风情园是指在特有的地域民族文化影响下，满足人们休息娱乐的需要，丰富城市环

图1 吼呗节抹锅灰场景（笔者自摄）

图2 敲鼓、挑竹筐"讨贝"场景（笔者自摄）

境以及展示民族风情文化（图2），弘扬和促进当地历史文化、民族特色旅游的文化风情园[7]。长滩村作为民族风情旅游打卡地，村内基础建设较为完备，具备打造吼呗节非遗文化风情园的基础。在打造吼呗节风情园过程中，应当避免同质化，以吼呗节的独特性作为主题文化，围绕吼呗节的元素进行园区建设。风情园内景观设计、物品摆放应以苗族元素为主，把吼呗节融入其中。

（三）吼呗节场景文创化

非遗文化在文旅融合背景下逐渐展现出它的价值，将吼呗节活动场景经典作为文创原型，以雕刻陶瓷、特色钥匙扣、印有吼呗节活动场景图案的抱枕、背包、笔记本等，或者是纪念明信片、书签、笔以及其他的实用性、纪念性文创产品。例如，以图1、图2场景作为文创原型，可以在帆布包、扎染的衣服上印刷这种场景图，或是在笔记本、书签以及笔等产品，这样既利于当地人对民族文化的认同，也利于外来游客对吼呗节的了解与体验。

陶瓷雕刻、钥匙扣等可采用例如图3、图4中女性盛装等较能体现节日风情的个体人物或简单场景人物作为原型。

以这种简单的形式作为主要元素，进行艺术化雕刻或艺术文创，深入人心。不仅可以在长滩建立游客体验中心，还可以在台江县街上可以利用模型进行涂鸦。另外，钥匙扣还可以以普通小绒玩偶或铜质及其他合金图案出现，既可以达到实用性效果，又能实现节日发展与传承作用。

总 结

中华文明绵延不断，在快节奏社会进程中，人们如何适应传统文化，塑造本土人格与增强本土认同感，选择正确价值观就显得尤为重要[8]。中国是一个多民族国家，由不同民族

图3 挑篮讨贝图（笔者自摄）　　　　　　　　图4 节日盛装图（笔者自摄）

共同组成中华民族大家庭，每个民族各具光彩，为中华民族灿烂的文化书写内容。吼呗节所表现的敬天爱人、以和为贵、互相关爱的精神文化内涵以及具有特色的饮食文化结构，对于铸造中华民族共同体具有极大促进意义。

注释：

[1] 笔者采访长滩村村委会负责人熊庆来所得口述资料和其他相关资料而得的数据。
[2] 龙初凡主编：《我们的家园 黔东南传统村落》，北京艺术出版社，2015年，第186页。
[3] 范如国：《传统节日的文化内涵和精神内核》，《人民论坛》2017年第7期。
[4] 杨前蓉：《中国传统节日的文化内涵及其思想政治教育功能分析》，《公关世界》2020年第24期。
[5] 李松、王学文、张远满：《重视传统节日的文化内涵》，《节日研究》2018年第1期。
[6] 宗可瑜：《VR技术下少数民族节日的数字化保护与传承》，《新闻研究导刊》2021年第7期。
[7] 袁波：《德昌傈僳族风情园景观设计研究》，硕士学位论文，西南交通大学，2015年，第6—7页。
[8] 贾银兰：《论中国传统节日的文化内涵及其思想政治教育功能》，《安徽文学》（下半月）2016年第7期。

浅论宜兴紫砂陶的制作工艺及相关问题

李瑞嘉

（南开大学）

摘要：宜兴紫砂陶制作技艺是我国 2006 年公布的第一批国家级非物质文化遗产代表性项目之一，历史悠久、底蕴深厚。宜兴紫砂陶的制作从原料的选择、器物的成型再到入窑烧造、修整装饰都由匠人精心把控，已成为中国茶文化的代表性符号，展现出中国艺术独特的审美情趣与文化气韵。

关键词：宜兴；紫砂陶；蜀山窑

宜兴手工紫砂陶技艺是指分布于江苏省宜兴市丁蜀镇的一种民间传统制陶技艺。该工艺产生于宋元，成熟于明代民。清代的紫砂陶制作则在前人的基础上更上一层楼。江苏宜兴紫砂陶的品种繁多，以茗壶为代表，还有杯、瓶、盆碟以及人、兽、物等雕塑工艺品，其风格大都简练纯朴、厚重雅致，具有典型的中华民族内敛雅致的气韵。紫砂陶成品以茶具为主，这与其独特的功能特质有关：泡茶不走味，贮茶不变色，盛暑不易馊；使用年代越久，器身色泽就越发光润古雅，泡出来的茶也越发醇郁芳馨，甚至在空壶里注入的沸水都会有一股清淡的香味[1]。这些特性都蕴藏在紫砂陶选料、成型与制作的技艺之中。

一、紫砂陶的原料

宜兴紫砂陶原料种类非常丰富，有本山甲泥、西山甲泥、南山白泥、紫砂泥、红泥、绿泥、西山嫩泥 7 种主要原料[2]。一般而言的紫砂泥是紫泥、绿泥（本山绿泥）、红泥的统称，也被称作"泥中泥、岩中岩"。紫泥产于宜兴市丁蜀镇黄龙山，藏在黄石岩下，夹存于夹泥矿层中；本山绿泥是紫泥层的夹脂；红泥则是泥矿里的石黄，一般在嫩泥矿的下层[3]。根据最低成本的原则，即以最少的时间和劳动量获得原料的原则，一般而言，陶土的获取会采用就地取材的方式，陶土资源和制陶地点的距离也不宜过远。宜兴的紫砂陶土资源非常丰富，具有得天独厚的地理优势，其主要分布在四周山脉当中。20 世纪 50～80 年代，江苏省进行陶土资源勘测，估计仅丁蜀镇周围的几条山脉的矿山资源就达到了 1000 亿吨以上[4]。

紫砂陶原料由于深埋在黄石矿层之下，藏于夹泥之中，开采难度较大。同时，紫砂泥实际上是矿体，故而开采时十分坚硬[5]，《清稗类钞》中记载紫砂泥矿被开采出后"大如煤块，舂以杵，必数次，始取其较细者，浸之于池，经数月，则粗分子下沉，其最上层，皆有黏性，乃取以制器[6]"。可见，泥料在开采后需要进行捶打使之粉碎，之后则要将其放入池中等待分层，在大颗粒砂石下沉后，再取上层的细颗粒泥浆作为原料。

紫砂泥料的特点可以概括为：可塑性好，坯体的干燥收缩和烧成收缩率小，坯体的强度高。据科学分析，紫砂泥属于高岭土—石英—云母类型[7]。其中高岭土在陶土原料中属于塑性原料，是以高岭石为主要成分的质地纯净的细粒黏土，所含的黏土矿物主要为高岭石和多水高岭石，能够为陶坯提供可塑性。石英在陶土原料中属于瘠性原料，可作为陶器坯体的骨架。石英颗粒因其多角尖棱的形状，可以构成水分排出陶胎的通道，正是由于石英的存在，在陶器成型的阶段，这些排水通道能够提高坯体的干燥速度，缩短其干燥时间，从而降低坯体的干燥收缩率。在陶器烧造时，石英的热膨胀能够一定程度上抵消坯体的收缩，使得陶坯的烧成收缩率降低，同时，未溶解的石英还可以构成胎体的骨架，防止胎体软化变形，粒度合适的石英还能够提高陶器的硬度和耐磨性，这也是紫砂坯体强度较高的重要原因。而云母既具有一定的可塑性，还能够起到熔剂性原料的作用，同时，其含有的二氧化硅还可作为瘠性原料。这使得紫砂泥不需要加入其他的原料就能够单独成型，其较粗的粒度有效地提高了陶体的透气性，因此，紫砂陶中的茶汤即使盛储时间较长也无"熟烂气"，即便是隔夜的暑日，也不会变馊。另外，紫砂陶土还无土气，不会夺香，因而所泡的茶不易失去其色、香、味[8]。

在紫砂泥的化学成分中，铁元素的含量是较高的，而铁含量较多的黏土较之铁含量较少的黏土颜色则要更深，这在很大程度上影响着紫砂陶成品的颜色。《阳羡名陶录》中记载道："石黄泥……陶之乃变朱砂色"，"天青泥……陶之变黯肝色，又其夹支有梨皮泥，陶现冻梨色；淡红泥，陶现松花色；浅黄泥，陶现豆碧色；密口泥，陶现轻赭色；梨皮和白砂，陶现淡墨色。"[9]可见，紫砂陶呈现的不同色泽不仅受其含铁量的影响，还会因相互掺杂混合的泥料配比不同而变化。有研究曾对紫砂泥的多种泥料进行过X射线荧光能谱分析，对其主要化学成分及百分比做了测定分析[10]：其中普紫泥的Fe_2O_3含量较高，而随着烧造温度的提高，其颜色由棕向紫转变；天青泥和本山绿泥的Fe_2O_3含量则略少，其成品的颜色也浅于普紫泥。同时，由于这两种泥料中的Al_2O_3含量较高，其颜色也都略泛浅黄。此外，在进行原矿拼配泥料的研究中还可发现诸如本山绿泥添加紫泥后会呈青灰色，朱泥中加入适量紫泥和白泥呈现橙褐色等现象[11]。紫砂泥料含铁量高还有其他的优势，有研究认为不同时期的紫砂中Fe_2O_3的含量是随着年代的推移而增加的，这有助于提升紫砂的显色效果，还能与$SiO_2-Al_2O_3$形成共熔物，降低烧结温度[12]。同时，陶器的烧造气氛也是陶器呈色的重要影响因素。紫砂陶一般采用氧化气氛烧成，在有机物分解后，陶器随含铁量的多少会呈现浅黄、黄褐色、红色等。

紫砂泥产品中的最大类是茶壶茶具，这也与紫砂泥料的特性有关。紫砂泥的热稳定性很好，即使在寒冬，沸水入壶，也不会因温度剧变而破裂；同时，砂质材料传热较慢，提携时也不会烫手[13]。而以茶具为主的产品市场需求也反过来造就了紫砂陶多为小件器物的特点，可以随时提用，便携的同时还适合把玩。

二、紫砂陶的成型

传统紫砂陶的成型方法都是由手工操作的，

主要有"打身筒"和"镶身筒"两种方法。

"打身筒"是先把泥料锤敲成泥条和泥片，将泥条在转盘上围成圆筒状，使用薄木拍子向内拍打圆筒上端，使其上口部内收，再将圆的泥片粘砌于内壁，做出球鼓形空心体壶身。之后再按设计好的形制拍打，使之成为各种造型[14]。在做好器物的主体之后，还可以再加装嘴、盖、錾等部位，这些结构均可单独制作，直接粘在壶身上即可，这也得益于紫砂泥料良好的可塑性与其制作时的强粘合力。

还有一种制作方法是"镶身筒"，即将泥料打成片，按设计配制样板，再裁切泥片，镶合成型。这种做法所成型的器物多是方形器皿，紫砂陶主流的两种特殊成型方法也决定了为什么紫砂陶器的产品基本上"非圆即方"（图1）[15]。而少数紫砂陶使用手指捏炼成型的方法也使得在陶器烧成后，茶壶的表面上还多隐约可见指螺纹。

三、紫砂陶的烧造

宜兴拥有的窑口较多，其中蜀山窑就是以紫砂陶为特色的窑口。过去认为考古发掘的宜兴羊角山早期紫砂窑址是北宋时期的遗存[16]，但在2005年南京博物院对蜀山窑址的考古发掘中出土了明代晚期、清代、民国等时期的窑床遗迹10处，出土紫砂等陶器标本3万多件。这次发掘也证明了20世纪70年代发掘的羊角山窑址出土的紫砂标本时代不会早至宋代，其最早的年代应在明代晚期[17]。

烧造紫砂陶的窑炉在古代主要是龙窑，即利用山坡建造的长斜坡式窑，由窑头（火膛）、窑床、窑尾构成。窑头和窑尾之间的高差能够保证对火焰的抽力，窑床则按一定的间隔设置投柴孔，同时窑工还可通过这些孔来观察火焰的温度和陶器坯体的变化，以增减燃料和空气流量。烧造时，火焰从火膛升起，与窑身平行

图1　方壶（顾景舟《僧帽壶》）

流动,从下方的窑头沿地势上升,充分利用其热能,烟最终经吸火孔从窑尾排出,紫砂则在其中以1150℃左右的氧化气氛烧成。这种陶窑按照火焰的流动方向属于平焰窑,即火膛、窑室和烟囱在同一个平面,火焰也在一个平面上流动;但在窑尾部分,由于设置有吸火孔,火焰在这一部分的流动方式则类似半倒焰窑,即因为受到窑室后壁吸火孔的吸引,火焰倒向窑室后方,烟则经吸火孔进入烟道、排出窑外。

四、紫砂陶的装饰与修整

紫砂泥料在成型后是不需要施釉的,因而紫砂陶器以素面居多,不加装饰,表现出泥质天然的气息与美感。不仅如此,其光滑而有润泽的外形,使用把玩的时间越久越长,器表还会越发有光泽。除了素面之外,紫砂陶还有其他多种装饰手法,如陶刻、浮雕、泥绘、镶嵌、印纹、绞泥等。

在紫砂壶上雕刻花鸟、山水和各体书法,始于晚明而盛于清嘉庆以后[18]。由于紫砂陶坯多是凹凸不平的,同时还常有多角多线条的情况,因而这种技法相对于一般的陶瓷雕刻而言难度更大。传统的紫砂陶装饰方法主要是陶刻,多使用毛笔和刻刀,分为刻底子和空刻两类,其区别为刻底子是先在坯体上用毛笔打好底稿,再在其上用刻刀进行雕刻;而空刻则是省去了打底稿这一程序,直接按照确定的大致轮廓样式下刀,会这种技法的工匠一定是经验丰富、技术高超的艺人。

泥绘、堆塑装饰流行于清初17世纪晚期,其工艺方法是在已完工,但尚有一定湿度的泥坯上,用其他色泥或本色泥料堆画花鸟或山水纹样[19]。这种以泥堆画的方法能够使得陶器表面有一种类似浅浮雕的效果,器物表面的立体感得到增强。绞泥手法源自唐代陶瓷工艺,即使用白褐或白黑两种色调的胎土相间糅合,然后拉坯成型,或切片用作堆贴、镶嵌,成型的陶瓷坯体呈现两色图案,类似木理纹或花朵纹,还会出现一些变形纹饰。紫砂泥的绞泥可谓更为丰富,紫砂泥料本身的颜色就有多种,使用不同的泥料相间搓合,能够得到青黑、青灰、古铜、橙褐、朱褐等各样的色泽,其在制作工艺上也更便于操作。

另外,紫砂陶还有少量的画彩上釉,同时这种做法也是对紫砂陶残次品的一种补救措施。在烧造过程中有开裂处,或是色泽不均匀的地方就可以通过施加釉彩的方式加以掩饰,遮盖掉成品上有瑕疵的地方,保证产品的质量和美观。

五、紫砂陶的产品与市场

紫砂器的考古工作从20世纪70年代正式展开,就已发现的紫砂器而言,以茶具等文玩清贡为主的产品无疑是紫砂陶的大宗。但是其他的日用器物也有不少发现,如江苏盱眙县泗州城遗址发掘出土的紫砂器有罐和花盆等[20],这说明了紫砂陶的产品并不仅限于茶具。另外,还有不少的墓葬中出土了紫砂器,其中等级较高的墓葬有南京中华门外马家山吴经墓[21]、福建漳浦县盘陀乡卢维桢夫妇合葬墓[22]、无锡明华师伊夫妇墓[23]等,平民墓葬中亦有紫砂器出土,多为铫、茶叶罐等日用紫砂器[24]。各阶层墓葬中随葬紫砂陶产品的现象反映出当时社会上对紫砂器的重视与喜爱,同时这种风气的流行并不被阶级所限制,体现出一定的普遍性,而四川绵阳红星街一处明代窖藏出土紫砂壶[25]的现象则说明紫砂陶的流行还具有一定的广泛性。

在紫砂陶产品发展和流行的过程中，文人墨客起到了重要的作用。明代的文人饮茶之风盛行，文人爱壶也求壶，在此过程中常会与制壶工匠进行交流等活动，比如工匠时大彬就与文人品茶作论，催生了紫砂壶史上划时代的变革，即大壶变小壶，既符合文人聚会时一人一壶的饮茶风尚，又有可供掌中把玩的鉴赏情趣。文人壶由此兴盛，紫砂陶艺也开始向大雅方向发展[26]。有研究也指出，紫砂艺术与文人之间的联系从明代江南文人推崇紫砂茗壶便已开始。嘉靖以降，以文人为表率的人性文化开始成为主流文化，时大彬、陈鸣远、陈曼生等人对于紫砂技艺的创新与理念都在一定程度上受到了这些思想的影响[27]。可见，明清时期文人与紫砂匠人之间的互动对于促成新的紫砂陶样式、制作工艺的改进与理念的转变创新都是有巨大的、积极的影响，而符合市民文化的产品风格也对紫砂陶的市场化带来了重要的推动作用，以致紫砂陶产品在墓葬和城市遗址中都常有发现。

六、结语与展望

紫砂陶艺一直伴随着中国茶文化的发展，也正是得益于其厚重的质感和丰富的文化内涵，紫砂陶尤与文人阶层的审美情趣相吻合，兼具实用与艺术鉴赏的特色。但是，当下紫砂陶器的生产与发展也面临着不小的问题，首先，优质的紫砂泥料开始逐渐匮乏，根据《1957—1958年宜兴陶瓷原料总厂陶土开采统计表》显示，虽然每年宜兴均出土丰富的陶土资源，但可用于制作紫砂工艺制品的三种特殊泥料却仅占其中很小的部分（紫泥占比1.17%，红泥0.06%，绿泥0.02%）。其次，大部分紫砂陶的产品也仅限于复古仿古的式样，这就使得紫砂制品的消费人群逐渐走向老龄化[28]，体现出当今紫砂陶存在缺乏创新设计的问题。这种情况的出现与历代的师徒培养传承制度不无关系。传统紫砂壶艺的传承方式主要以师徒教授的形式为主，这种学习方式较为单一，且容易形成僵化的纯技艺模式，同时，传统艺人的文化水平不高也一定程度上导致传统壶艺的造型很少有所突破[29]。要想解决这些现状，观念上的转变无疑是重要的一环，比如李玮在《观念比工艺更重要》中就曾提到宜兴紫砂壶艺的观念是落后于时代的，当下需要更重视紫砂壶观念的更新。此外，如何进行创新性的转化和开发也是紫砂陶未来发展的关键问题。

注释：

[1] 韩其楼：《紫泥新品泛春华——宜兴的紫砂陶茶具》，《文物》1979年第5期。
[2] 童赪彤、宁绍强：《钦州坭兴陶与宜兴紫砂陶装饰主题影响因素比较》，《湖南包装》2022年第2期
[3] 徐秀棠：《中国紫砂》，上海古籍出版社，1998年，第6页。
[4] 赵青友、陆益成：《宜兴黄龙山矿区外围甲泥和紫砂泥矿地质特征》，《地质学刊》2013年第2期。
[5] 徐秀棠：《中国紫砂》，上海古籍出版社，1998年，第7页。
[6] 徐珂：《清稗类钞》，中华书局，1984年，第2388页。
[7] 徐秀棠：《中国紫砂》，上海古籍出版社，1998年，第17页。
[8] 申世放：《试论重庆博物馆藏紫砂茶具及其相关问题》，《四川文物》1996年第2期。

［9］吴骞:《阳羡名陶录》,黄山书社,1992年,第2—3页。
［10］吴旻哲:《紫砂绞泥工艺研究》,南京师范大学硕士学位论文,2020年,第15—18页。
［11］吴旻哲:《紫砂绞泥工艺研究》,南京师范大学硕士学位论文,2020年,第20—21页。
［12］张茂林、李其江、吴军明:《宜兴蜀山窑址出土历代紫砂陶的化学组成特征研究》,《中国陶瓷》2016年第1期。
［13］任惠芬:《述何为江苏宜兴紫砂陶》,《陶瓷科学与艺术》2020年第12期。
［14］任惠芬:《述何为江苏宜兴紫砂陶》,《陶瓷科学与艺术》2020年第12期。
［15］图片来源:中国紫砂博物馆官网。
［16］徐秀棠:《中国紫砂》,上海古籍出版社,1998年,第25页。
［17］杭涛:《宜兴蜀山窑址发掘简介》,《瓷粹》2014年总第37期。
［18］韩其楼:《紫泥新品泛春华——宜兴的紫砂陶茶具》,《文物》1979年第5期。
［19］徐秀棠:《中国紫砂》,上海古籍出版社,1998年,第69页。
［20］张雪菲:《江苏盱眙泗州城遗址出土紫砂器研究》,《东南文化》2016年第3期。
［21］徐佩佩:《明御用监太监吴经墓出土文物的一些考证》,《文物鉴定与鉴赏》2018年第19期。
［22］王文径:《明户、工二部侍郎卢维桢墓》,《东南文化》1989年第3期。
［23］冯普仁、吕兴元:《江苏无锡县明华师伊夫妇墓》,《文物》1989年第7期。
［24］高宪平、王朔飞、秦大树:《考古视野下紫砂研究综述》,《中原文物》2022年第6期。
［25］何志国、许蓉、胥泽蓉:《绵阳市红星街出土明代窖藏》,《四川文物》1990年第2期。
［26］韩吉祺:《明清宜兴紫砂壶制作技术理论化研究》,《陶瓷研究》2023年第4期。
［27］李天:《明清紫砂艺术比较研究》,陕西师范大学博士论文,2020年,第23—25页。
［28］张爽:《中国传统手工艺文创产品设计路径研究》,《青春岁月》2022年第7期。
［29］李玮:《观念比工艺更重要——浅谈当代紫砂陶艺的创作理念》,《艺海》2012年第12期。